훌륭한 나로 만들 인성교육의 첫걸음 **사자소학**

훌륭한 나로 만들 인성교육의 첫걸음 **사자소학**

조규남 편

시간의 물레

 # 머리말

'소학'이라는 말은 대체로 어린이들이 배우는 학문, 또는 그 책을 말합니다. 옛날에도 어린이가 태어난 지 8세가 되면 지금의 초등학교에 해당하는 교육기관에 들여보내 공부를 하게 하였습니다.

『사자소학』은 『소학』이라는 책의 영향을 받았지만 선현들은 다양한 책에서 알맞은 내용만을 뽑아서 네 글자를 하나의 구절로 만들었고, 어린이들이 장차 참된 예절과 올바른 가치관을 형성하여 훌륭한 인성을 갖춘 인간으로 성장하도록 배우며 실천할 수 있는 교재로 구성하였습니다.

『사자소학』으로 거듭난 이 책은 어린이들이 일정하게 반복되는 리듬감으로 공부에 대한 흥미를 유발시키고, 여기에 재미있는 내용을 추가하여 학습효과를 높이는데 중점을 두었기 때문에 이해와 암송이 쉽습니다.

우리는 누구나 훌륭한 사람이 되고자 하는 마음을 품고 산다고 할 수 있습니다. 그렇다면 과연 훌륭한 사람에 대한 기준은 있는 것이며, 어떤 사람들일까요? 바로 인류 역사상 위대한 분들로 꼽히는 성인과 현인들이라고 말해도 무리한 대답은 아닐 것입니다. 성인과 현인들은 말씀과 글을 남기셨는데, 그것을 '경전'이라고 합니다. 유학의 경전인 사서삼경·불교의 경전인 불경·기독교의 경전인 성경 등등. 경전이라고 하는 책에 기록된 말씀은 오랜 세월이 흘렀어도 내용은 크게 변화되지 않은 채 아직까지 막대한 영향을 미치고 있음을 주위에서도 흔히 볼 수 있습니다. 흔히 진리를 말할 때 많이 인용되는 책이기도 합니다. 훌륭한 사람이 되고자 하는 길을 찾고자 한다면 성인과 현인들이 남기신 발자취와 향기를 시대에 맞게 따라가 보는 것도 좋은 방법이라 여겨집니다. 물론 세월이 흘러서 그대로 따라 할 수 없는 것들도 많으므로 무리할 필요는 없으며, 좋고 나쁨 등을 선택해서 사용해야 할 것입니다.

『사자소학』은 서예학원을 운영하면서 교재로 사용하였는데 어린이들이 즐겁게 공부하였고, 또 그 구절들을 자녀들이 흥얼거리기도 하고 실천해보려는 모습을 보이자 관심을 표명하는 학부모들이 많아서 새롭게 책으로 꾸밀 결심을 하게 되었습니다. 출판까지는 원광대학교에 같이 출강한 인연으로 뵙게 된 권호순 교수님의 배려가 매우 컸습니다. 또 미금 김명숙 선생도 바른 책이 되도록 수고해 주셨습니다. 이 두 분께 고마움을 표하며, 출판사 '시간의 물레'의 무궁한 발전을 기원합니다.

2016년 2월 입춘절
낙성대 오산서가(五山書架)에서 조규남이 쓰다.

목 차

한자의 필순 / 6

암송하기 / 8

읽고 쓰기 / 13

부   록 / 173
  - 이름쓰기
  - 호칭, 촌수

한자의 필순(筆順)

　한자의 필순(筆順)은 절대적인 규칙이 있는 것은 아니지만, 오랜 세월동안 여러 사람의 체험을 통해서 붓글씨의 획(劃)을 쓰기 위한 일반적인 순서가 갖추어졌다고 할 수 있다. 글자의 모양이 아름다우면서 빠르고 정확하게 쓸 수 있는 방법이 필요했던 것이다. 붓글씨의 획(劃)은 점(點)과 선(線)으로 이루어져 있는데, 필순은 이 점과 선으로 구성된 획을 쓰는 순서를 말한다. 특히, 행서(行書)와 초서(草書)의 경우에는 쓰는 순서에 따라 그 한자의 모양새가 달라진다.

　필순(筆順)의 기본원칙(基本原則)은 다음과 같다. 예외적인 경우도 잘 알아두어야 한다.

1. 위에서 아래로 긋는다.

　　三 ⇨ 一 二 三

2. 왼쪽에서 오른쪽으로 긋는다.

　　川 ⇨ 丿 丿丿 川

3. 가로획을 먼저 쓰고 세로획은 나중에 긋는다.

　　十 ⇨ 一 十　　　　　　田 ⇨ 丨 冂 日 田 田
　　主 ⇨ 丶 一 二 キ 主　　佳 ⇨ 丿 亻 亻 广 作 佯 佳 佳
　　馬 ⇨ 丨 厂 下 下 馬 馬 馬 馬 馬

4. 삐침(丿)을 파임(乀)보다 먼저 긋는다.

　　入 ⇨ 丿 入　　　　　　及 ⇨ 丿 丿 及 及

· 삐침(丿)을 나중에 긋는 경우도 있다.

　　力 ⇨ 刀 力　　　　　　方 ⇨ 丶 一 亠 方

5. 좌우(左右)로 대칭일 때는 가운데 획을 먼저 긋는다.

　　小 ⇨ 亅 小 小　　　　　水 ⇨ 亅 汀 水 水
　　山 ⇨ 丨 山 山　　　　　出 ⇨ 丨 屮 屮 出 出
　　雨 ⇨ 一 厂 冂 雨 雨 雨 雨

【예외】 火 ⇨ 丶 丷 少 火   來 ⇨ 一 厂 不 不 來 來 來

6. 글자 전체를 꿰뚫는 획은 나중에 긋는다.

中 ⇨ 丨 冂 口 中   車 ⇨ 一 厂 厂 百 百 車 車

事 ⇨ 一 厂 曰 曰 写 写 事   手 ⇨ 一 二 三 手

子 ⇨ 𠃍 了 子   女 ⇨ 𡿨 女 女

母 ⇨ 𡿨 母 母 母 母

【예외】 世 ⇨ 一 十 卄 世 世

7. (오른쪽 위의) 점은 맨 나중에 찍는다.

太 ⇨ 一 ナ 大 太   寸 ⇨ 一 寸 寸

代 ⇨ 丿 亻 仁 代 代

求 ⇨ 一 十 寸 寸 求 求 求

8. 안을 둘러싸고 있는 한자는 바깥부분을 먼저 쓰고, 밑부분은 맨 나중에 긋는다.

四 ⇨ 丨 冂 罒 四 四

國 ⇨ 丨 冂 冂 冂 冂 冋 阝 國 國 國

門 ⇨ 丨 冂 冂 冂 門 門 門

9. 받침(廴, 辶)은 맨 나중에 긋는다.

建 ⇨ 𠃍 ⺕ ⺕ 彐 聿 聿 建 建

近 ⇨ 丿 厂 斤 斤 近 近 近

【예외】 起 ⇨ 一 十 土 キ 丰 走 走 起 起 起

題 ⇨ 丨 冂 冂 日 旦 早 昇 是 是 是 題 題 題 題 題

♣ 아래의 구절을 소리내어 읽으며, 풀이하시오.

암송하기-1

1일	父生我身하시고	母鞠吾身이로다	腹以懷我하시고	乳以哺我로다
	以衣溫我하시고	以食飽我로다	恩高如天하시고	德厚似地하시니

2일	爲人子者가	曷不爲孝리오	欲報其德인댄	昊天罔極이로다
	晨必先起하야	必盥必漱하라	昏定晨省하고	冬溫夏淸하라

3일	父母呼我어시든	唯而趨進하라	父母使我어시든	勿逆勿怠하라
	父母有命이어시든	俯首敬聽하라	坐命坐聽하고	立命立聽하라

4일	父母出入이어시든	每必起立하라	父母衣服을	勿踰勿踐하라
	父母有疾이어시든	憂而謀瘳하라	對案不食이어시든	思得良饌하라

5일	出必告之하고	反必面之하라	愼勿遠遊하고	遊必有方하라
	出入門戶어든	開閉必恭하라	勿立門中하고	勿坐房中하라

6일	行勿慢步하고	坐勿倚身하라	口勿雜談하고	手勿雜戲하라
	膝前勿坐하고	親面勿仰하라	須勿放笑하고	亦勿高聲하라

7일	侍坐父母어든	勿怒責人하라	侍坐親前이어든	勿踞勿臥하라
	獻物父母어든	跪而進之하라	與我飮食이어시든	跪而受之하라

8일	器有飮食이라도	不與勿食하라	若得美味어든	歸獻父母하라
	衣服雖惡이나	與之必著하라	飮食雖厭이나	與之必食하라

9일	父母無衣어시든	勿思我衣하며	父母無食이어시든	勿思我食하라
	身體髮膚를	勿毀勿傷하라	衣服帶靴를	勿失勿裂하라

♣ 아래의 구절을 소리내어 읽으며, 풀이하시오.

암송하기-2

10일	父母愛之어시든	喜而勿忘하라	父母責之어시든	反省勿怨하라
	勿登高樹하라	父母憂之시니라	勿泳深淵하라	父母念之시니라
11일	勿與人鬪하라	父母不安이시니라	室堂有塵이어든	常必灑掃하라
	事必稟行하고	無敢自專하라	一欺父母면	其罪如山이니라
12일	雪裏求筍은	孟宗之孝요	剖冰得鯉는	王祥之孝니라
	我身能賢이면	譽及父母니라	我身不賢이면	辱及父母니라
13일	追遠報本하야	祭祀必誠하라	非有先祖면	我身曷生이리오
	事親如此면	可謂孝矣니라	不能如此면	禽獸無異니라
14일	學優則仕하야	爲國盡忠하라	敬信節用하야	愛民如子하라
	人倫之中에	忠孝爲本이니	孝當竭力하고	忠則盡命하라
15일	夫婦之倫은	二姓之合이니	內外有別하야	相敬如賓하라
	夫道和義요	婦德柔順이니라	夫唱婦隨면	家道成矣리라
16일	兄弟姉妹는	同氣而生이니	兄友弟恭하야	不敢怨怒니라
	骨肉雖分이나	本生一氣니라	形體雖異나	素受一血이니라
17일	比之於木하면	同根異枝니라	比之於水하면	同源異流니라
	兄弟怡怡하야	行則雁行하라	寢則連衾하고	食則同牀하라
18일	分毋求多하며	有無相通하라	私其衣食이면	夷狄之徒니라
	兄無衣服이어든	弟必獻之하라	弟無飮食이어든	兄必與之하라

♣ 아래의 구절을 소리내어 읽으며, 풀이하시오.

암송하기-3

19일	一杯之水라도	必分而飮하고	一粒之食이라도	必分而食하라
	兄雖責我나	莫敢抗怒하라	弟雖有過나	須勿聲責하라
20일	兄弟有善이어든	必譽于外하라	兄弟有失이어든	隱而勿揚하라
	兄弟有難이어든	悶而思救하라	兄能如此면	弟亦效之리라
21일	我有歡樂이면	兄弟亦樂이니라	我有憂患이면	兄弟亦憂니라
	雖有他親이나	豈若兄弟리오	兄弟和睦이면	父母喜之시니라
22일	事師如親하야	必恭必敬하라	先生施敎어시든	弟子是則하라
	夙興夜寐하야	勿懶讀書하라	勤勉工夫하면	父母悅之시니라
23일	始習文字어든	字畫楷正하라	書冊狼藉어든	每必整頓하라
	能孝能悌가	莫非師恩이니라	能知能行이	總是師功이니라
24일	長者慈幼하고	幼者敬長하라	長者之前엔	進退必恭하라
	年長以倍어든	父以事之하고	十年以長이어든	兄以事之하라
25일	我敬人親이면	人敬我親이니라	我敬人兄이면	人敬我兄이니라
	賓客來訪이어든	接待必誠하라	賓客不來면	門戶寂寞이니라
26일	人之在世에	不可無友니라	以文會友하고	以友輔仁하라
	友其正人이면	我亦自正이니라	從遊邪人이면	我亦自邪니라
27일	蓬生麻中이면	不扶自直이요	白沙在泥면	不染自汚니라
	近墨者黑이요	近朱者赤이니라	居必擇鄰하고	就必有德하라

♣ 아래의 구절을 소리내어 읽으며, 풀이하시오.

암송하기-4

28일	擇而交之면	有所補益이니라	不擇而交면	反有害矣니라
	朋友有過어든	忠告善導하라	人無責友면	易陷不義니라
29일	面讚我善이면	諂諛之人이니라	面責我過면	剛直之人이니라
	言而不信이면	非直之友니라	見善從之하고	知過必改하라
30일	悅人讚者는	百事皆僞니라	厭人責者는	其行無進이니라
	元亨利貞은	天道之常이요	仁義禮智는	人性之綱이니라
31일	父子有親하며	君臣有義하며	夫婦有別하며	長幼有序하며
	朋友有信이니	是謂五倫이니라	君爲臣綱이요	父爲子綱이요
32일	夫爲婦綱이니	是謂三綱이니라	人所以貴는	以其倫綱이니라
	足容必重하며	手容必恭하며	目容必端하며	口容必止하며
33일	聲容必靜하며	頭容必直하며	氣容必肅하며	立容必德하며
	色容必莊이니	是曰九容이니라	視必思明하며	聽必思聰하며
34일	色必思溫하며	貌必思恭하며	言必思忠하며	事必思敬하며
	疑必思問하며	忿必思難하며	見得思義니	是曰九思니라
35일	非禮勿視하며	非禮勿聽하며	非禮勿言하며	非禮勿動이니라
	行必正直하고	言則信實하라	容貌端正하고	衣冠整齊하라
36일	居處必恭하고	步履安詳하라	作事謀始하고	出言顧行하라
	常德固持하고	然諾重應하라	飮食愼節하고	言語恭遜하라

♣ 아래의 구절을 소리내어 읽으며, 풀이하시오.

암송하기-5

37일	德業相勸하고	過失相規하며	禮俗相交하고	患難相恤하라
	貧窮困厄에	親戚相救하며	婚姻死喪에	鄰保相助하라
38일	修身齊家는	治國之本이요	讀書勤儉은	起家之本이니라
	忠信慈祥하고	溫良恭儉하라	人之德行은	謙讓爲上이니라
39일	莫談他短하고	靡恃己長하라	己所不欲을	勿施於人하라
	積善之家는	必有餘慶이니라	不善之家는	必有餘殃이니라
40일	損人利己면	終是自害니라	禍福無門하야	惟人所召니라
	嗟嗟小子아	敬受此書하라	非我言耄라	惟聖之謨시니라

♣ 아래의 빈칸을 채우고, 〈읽기〉 부분을 소리내어 읽어보시오.

四字小學-1

〈읽기〉 **부생아신** 하시고		아버지는 내 몸을 낳아주시고,			
〈구절풀이 순서〉 　1　4　2　3 • 父 生 我 身	父 아비 **부**	父			
	生 낳을 **생**	生	살릴 **생**		자랄 **생**
	我 나 **아**	我			
	身 몸 **신**	身			
〈읽기〉 **모국오신** 이로다		어머니는 내 몸을 길러 주셨네.			
〈구절풀이 순서〉 　1　4　2　3 • 母 鞠 吾 身	母 어미 **모**	母			
	鞠 기를 **국**	鞠			
	吾 나 **오**	吾			
	身 몸 **신**	身			

♣ **아래의 빈칸을 채우고, 〈읽기〉 부분을 소리내어 읽어보시오.**

四字小學-2

〈읽기〉 **복이회아** 하시고		배로써 나를 품어 주시고,
〈구절풀이 순서〉 　1　2　4　3 • 腹 以 懷 我	腹 배 복	
	以 써 이	
	懷 품을 회	
	我	

〈읽기〉 **유이포아** 로다		젖으로써 나를 먹여 주셨네.
〈구절풀이 순서〉 　1　2　4　3 • 乳 以 哺 我	乳 젖 유	
	以	
	哺 먹일 포	
	我	

_____ 년 _____ 월 _____ 일 ㊞

♣ 아래의 빈칸을 채우고, ⟨읽기⟩ 부분을 소리내어 읽어보시오.

四字小學-3

⟨읽기⟩ **이 의 온 아** 하시고			옷으로써 나를 따뜻하게 해주시고,
⟨구절풀이 순서⟩ 　 2　1　4　3 • 以 衣 溫 我	以	以	
	衣 옷　의	衣	
	溫 따뜻할 온	溫	
	我	我	

⟨읽기⟩ **이 식 포 아** 로다			밥으로써 나를 배부르게 해주셨네.
⟨구절풀이 순서⟩ 　 2　1　4　3 • 以 食 飽 我	以	以	
	食 밥　식	食	
	飽 배부를 포	飽	
	我	我	

15

_____ 년 _____ 월 _____ 일 ㊞

♣ 아래의 빈칸을 채우고, 〈읽기〉 부분을 소리내어 읽어보시오.

四字小學-4

〈읽기〉 **은고여천** 하시고		은혜는 높기가 하늘과 같으시고,
〈구절풀이 순서〉 ① ② ④ ③ • 恩 高 如 天	恩 은혜 **은**	
	高 높을 **고**	
	如 같을 **여**	
	天 하늘 **천**	
〈읽기〉 **덕후사지** 하시니		은덕은 두텁기가 땅과 같으시니,
〈구절풀이 순서〉 ① ② ④ ③ • 德 厚 似 地	德 덕 **덕**	
	厚 두터울 **후**	
	似 같을 **사**	
	地 땅 **지**	

♣ 아래의 빈칸을 채우고, 〈읽기〉 부분을 소리내어 읽어보시오.

四字小學-5

〈읽기〉 **위 인 자 자** 가		사람의 자식된 자가,						
〈구절풀이 순서〉 　3　1　2　4 • 爲 人 子 者	爲 될 위							
	人 사람 인							
	子 자식 자							
	者 놈 자							
〈읽기〉 **갈 불 위 효** 리오		어찌 효도하지 않으리오?						
〈구절풀이 순서〉 　1　4　3　2 • 曷 不 爲 孝	曷 어찌 갈							
	不 아닐 불							
	爲 할 위							
	孝 효도 효							

♣ **아래의 빈칸을 채우고, 〈읽기〉 부분을 소리내어 읽어보시오.**

四字小學-6

〈읽기〉 **욕보기덕** 인댄		그 은덕을 갚고자 한다면,					
〈구절풀이 순서〉 　　4 3 1 2 • 欲 報 其 德	欲 하고자할 **욕**	欲					
	報 갚을 **보**	報					
	其 그 **기**	其					
	德 德	德					

〈읽기〉 **호천망극** 이로다		하늘처럼 끝이 없어라.					
〈구절풀이 순서〉 　　1 3 2 • 昊 天 罔 極	昊 하늘 **호**	昊					
	天 天	天					
	罔 없을 **망**	罔					
	極 다할 **극**	極					

♣ 아래의 빈칸을 채우고,〈읽기〉 부분을 소리내어 읽어보시오.

四字小學-7

〈읽기〉 **신필선기** 하야			새벽에는 반드시 먼저 일어나고,				
〈구절풀이 순서〉 　1　2　3　4 ● 晨 必 先 起	晨	晨					
	새벽 **신**						
	必	必					
	반드시 **필**						
	先	先					
	먼저 **선**						
	起	起					
	일어날 **기**						
〈읽기〉 **필관필수** 하라			반드시 세수하고 반드시 양치질하며,				
〈구절풀이 순서〉 　1　2　3　4 ● 必 盥 必 漱 ●양치질 - 이를 닦고 물로 　입 안을 헹구는 일.	必	必					
	盥	盥					
	씻을 **관**						
	必	必					
	漱	漱					
	양치질할 **수**						

_____ 년 _____ 월 _____ 일 ㊞

♣ 아래의 빈칸을 채우고, 〈읽기〉 부분을 소리내어 읽어보시오.

四字小學-8

〈읽기〉 **혼정신성** 하고			저녁엔 잠자리를 정해 드리고 새벽엔 문안을 드리며 살피고,					
〈구절풀이 순서〉 　1　2　3　4 ● 昏 定 晨 省	昏 저녁 **혼**	昏						
	定 정할 **정**	定						
	晨 	晨						
	省 살필 **성**	省						
〈읽기〉 **동온하청** 하라			겨울엔 따뜻하고 여름엔 시원하게 해 드려라.					
〈구절풀이 순서〉 　1　2　3　4 ● 冬 溫 夏 淸	冬 겨울 **동**	冬						
	溫 	溫						
	夏 여름 **하**	夏						
	淸 서늘할 **청**	淸						

20

♣ 아래의 빈칸을 채우고, 〈읽기〉 부분을 소리내어 읽어보시오.

四字小學-9

〈읽기〉 **부모호아** 어시든		부모님께서 나를 부르시면,					
〈구절풀이 순서〉 　　1　　3　2 • 父 母 呼 我	父	父					
	母	母					
	呼 부를 **호**	呼					
	我	我					
〈읽기〉 **유이추진** 하라		빨리 대답하고 즉시 달려가라.					
〈구절풀이 순서〉 　1　2　3　4 • 唯 而 趨 進	唯 빨리대답할 **유**	唯					
	而 그리고 **이**	而					
	趨 달릴 **추**	趨					
	進 나아갈 **진**	進					

21

_____ 년 _____ 월 _____ 일 ㊞

♣ **아래의 빈칸을 채우고, 〈읽기〉 부분을 소리내어 읽어보시오.**

四字小學-10

〈읽기〉 **부모사아** 어시든			부모님께서 나에게 일을 시키시면,				
〈구절풀이 순서〉 ・ 父 母 使 我 1 3 2	父	父					
	母	母					
	使	使					
	부릴 **사**						
	我	我					
〈읽기〉 **물역물태** 하라			거스르지 말고 게을리 하지 말라.				
〈구절풀이 순서〉 ・ 勿 逆 勿 怠 2 1 4 3	勿	勿					
	~하지말 **물**						
	逆	逆					
	거스를 **역**						
	勿	勿					
	怠	怠					
	게으를 **태**						

22

♣ 아래의 빈칸을 채우고, 〈읽기〉 부분을 소리내어 읽어보시오.

四字小學-11

〈읽기〉 **부모유명** 이어시든		부모님께서 말씀이 있으시면,					
〈구절풀이 순서〉 　　1　3 2 • 父 母 有 命	父 	父 					
	母 	母 					
	有 있을 유	有 					
	命 말씀 명	命 					
〈읽기〉 **부수경청** 하라		머리를 숙이고 공손하게 들어라.					
〈구절풀이 순서〉 　　2　1 3 4 • 俯 首 敬 聽	俯 숙일 부	俯 					
	首 머리 수	首 					
	敬 공경 경	敬 					
	聽 들을 청	聽 					

23

♣ 아래의 빈칸을 채우고, 〈읽기〉 부분을 소리내어 읽어보시오.

四字小學-12

〈읽기〉 **좌명좌청** 하고			앉아서 말씀하시면 앉아서 듣고,				
〈구절풀이 순서〉 　　1　2　3　4 • 坐 命 坐 聽	坐 앉을 **좌**	坐					
	命	命					
	坐	坐					
	聽	聽					

〈읽기〉 **입명입청** 하라			서서 말씀하시면 서서 들어라.				
〈구절풀이 순서〉 　　1　2　3　4 • 立 命 立 聽	立 설 **립**	立					
	命	命					
	立	立					
	聽	聽					

_____ 년 _____ 월 _____ 일 ㊞

♣ 아래의 빈칸을 채우고, 〈읽기〉 부분을 소리내어 읽어보시오.

四字小學-13

〈읽기〉 **부모출입** 이어시든			부모님께서 나가고 들어오실 때마다,					
〈구절풀이 순서〉 •父¹ 母² 出² 入³	父	父						
	母	母						
	出 날 **출**	出						
	入 들 **입**	入						
〈읽기〉 **매필기립** 하라			매번 반드시 일어나서라.					
〈구절풀이 순서〉 •每¹ 必² 起³ 立⁴	每 매양 **매**	每						
	必	必						
	起	起						
	立	立						

25

_____ 년 월 일 ㊞

♣ 아래의 빈칸을 채우고, 〈읽기〉 부분을 소리내어 읽어보시오.

四字小學-14

〈읽기〉 **부모의복**을		부모님의 의복을,						
〈구절풀이 순서〉 • 父¹ 母² 衣 服	父 父							
	母 母							
	衣 衣							
	服 服 옷 **복**							
〈읽기〉 **물유물천**하라		넘어 다니지 말고 밟지 말라.						
〈구절풀이 순서〉 • 勿² 踰¹ 勿⁴ 踐³	勿 勿							
	踰 踰 넘을 **유**							
	勿 勿							
	踐 踐 밟을 **천**							

♣ 아래의 빈칸을 채우고, <읽기> 부분을 소리내어 읽어보시오.

四字小學-15

<읽기> **부모유질** 이어시든	부모님께서 병으로 편찮으시면,

<구절풀이 순서>

• 父 母 有 疾
  1 3 2

父 / 父
母 / 母
有 / 有
疾 / 疾   병 **질**

<읽기> **우이모추** 하라	근심하고 병이 낫도록 꾀하라.

<구절풀이 순서>

• 憂 而 謀 瘳
  1 2 4 3

憂 / 憂   근심할 **우**
而 / 而
謀 / 謀   꾀할 **모**
瘳 / 瘳   병나을 **추**

27

♣ 아래의 빈칸을 채우고, 〈읽기〉 부분을 소리내어 읽어보시오.

四字小學-16

| 〈읽기〉 **대안불식** 이어시든 | 밥상을 대하고서 잡수시지 않거든, |

〈구절풀이 순서〉

· 對 案 不 食
  2 1 4 3

對 - 대할 대
案 - 밥상 안
不 - 불
食 - 식

| 〈읽기〉 **사득양찬** 하라 | 좋은 음식으로 장만해드릴 것을 생각하라. |

〈구절풀이 순서〉

· 思 得 良 饌
  4 3 1 2

思 - 생각할 사
得 - 얻을 득
良 - 좋을 량
饌 - 음식 찬

♣ 아래의 빈칸을 채우고,〈읽기〉부분을 소리내어 읽어보시오.

四字小學-17

| 〈읽기〉**출필고지** 하고 | 밖에 나갈 때는 반드시 아뢰고, |

〈구절풀이 순서〉

• 出¹ 必² 告⁴ 之³

• 어조사 – 실질적인 뜻은 없으면서 다른 글자를 보조해 주는 글자.

出
必
告 아뢸 **고**
之 어조사 **지**

| 〈읽기〉**반필면지** 하라 | 돌아오면 반드시 뵈어라. |

〈구절풀이 순서〉

• 反¹ 必² 面⁴ 之³

反 돌아올 **반**
必
面 낯볼 **면**
之

♣ **아래의 빈칸을 채우고, 〈읽기〉 부분을 소리내어 읽어보시오.**

四字小學-18

〈읽기〉 **신물원유** 하고		삼가하여 먼 곳까지 가서 놀지 말며,					
〈구절풀이 순서〉 　1　4　2　3 • 愼 勿 遠 遊	愼 삼갈 **신**						
	勿						
	遠 멀 **원**						
	遊 놀 **유**						
〈읽기〉 **유필유방** 하라		놀더라도 반드시 방향을 앎이 있게 하라.					
〈구절풀이 순서〉 　1　2　4　3 • 遊 必 有 方	遊						
	必						
	有						
	方 방향 **방**						

30

_____ 년 월 일 ㊞

♣ 아래의 빈칸을 채우고, 〈읽기〉 부분을 소리내어 읽어보시오.

四字小學-19

〈읽기〉 **출입문호** 어든		문호를 출입할 때에는,					
〈구절풀이 순서〉 • 出₂ 入₃ 門₁ 戶 • 문호 – 집으로 드나드는 문. 대대로 이어 내려오는 가문의 사회적 신분이나 지위.	出	出					
	入	入					
	門 문 **문**	門					
	戶 외짝문 **호**	戶					
〈읽기〉 **개폐필공** 하라		문을 여닫기를 반드시 공손히 하라.					
〈구절풀이 순서〉 • 開₁ 閉₂ 必₃ 恭₄	開 열 **개**	開					
	閉 닫을 **폐**	閉					
	必	必					
	恭 공손할 **공**	恭					

31

♣ 아래의 빈칸을 채우고, 〈읽기〉 부분을 소리내어 읽어보시오.

四字小學-20

〈읽기〉 **물립문중** 하고		문 한가운데 서지 말고,

〈구절풀이 순서〉

• 勿立門中
  4 3 1 2

勿	勿					
立	立					
門	門					
中	中					
가운데 **중**						

〈읽기〉 **물좌방중** 하라		방 한가운데 앉지 말라.

〈구절풀이 순서〉

• 勿坐房中
  4 3 1 2

勿	勿					
坐	坐					
房	房					
방 **방**						
中	中					

♣ 아래의 빈칸을 채우고, 〈읽기〉 부분을 소리내어 읽어보시오.

四字小學-21

〈읽기〉 **행물만보** 하고		다닐 때는 걸음을 거만하게 걷지 말고,				
〈구절풀이 순서〉 　　1　4　3　2 • 行 勿 慢 步	行 다닐 **행**					
	勿					
	慢 거만할 **만**					
	步 걸음 **보**					
〈읽기〉 **좌물의신** 하라		앉을 때는 몸을 기대지 말라.				
〈구절풀이 순서〉 　　1　4　3　2 • 坐 勿 倚 身	坐					
	勿					
	倚 기댈 **의**					
	身					

_____ 년 _____ 월 _____ 일 ㊞

♣ **아래의 빈칸을 채우고, 〈읽기〉 부분을 소리내어 읽어보시오.**

四字小學-22

〈읽기〉 **구물잡담**하고		입은 잡담을 하지 말고,						
〈구절풀이 순서〉 　　1　4　2　3 • 口 勿 雜 談 • 잡담 – 쓸데없이 지껄이는 말.	口 입 **구**	口						
	勿	勿						
	雜 섞일 **잡**	雜						
	談 말씀 **담**	談						
〈읽기〉 **수물잡희**하라		손은 장난질을 하지 말라.						
〈구절풀이 순서〉 　　1　4　2　3 • 手 勿 雜 戱	手 손 **수**	手						
	勿	勿						
	雜	雜						
	戱 놀이 **희**	戱						

34

_____ 년 월 일 ㊞

♣ 아래의 빈칸을 채우고, 〈읽기〉 부분을 소리내어 읽어보시오.

四字小學-23

〈읽기〉 **슬전물좌** 하고		부모님의 무릎 앞에 앉지 말고,				
〈구절풀이 순서〉 　1　2　4　3 • 膝 前 勿 坐	膝 무릎 슬	膝				
	前 앞 전	前				
	勿	勿				
	坐	坐				

〈읽기〉 **친면물앙** 하라		부모님의 얼굴을 똑바로 쳐다보지 말라.				
〈구절풀이 순서〉 　1　2　4　3 • 親 面 勿 仰	親 어버이 친	親				
	面	面				
	勿	勿				
	仰 우러를 앙	仰				

_____ 년 _____ 월 _____ 일 ㊞

♣ 아래의 빈칸을 채우고, 〈읽기〉 부분을 소리내어 읽어보시오.

四字小學-24

〈읽기〉 **수물방소** 하고		모름지기 웃음소리를 크게 내지 말고,					
〈구절풀이 순서〉 　1　4　3　2 • 須 勿 放 笑	須　須 모름지기 **수**						
	勿　勿						
	放　放 놓을 **방**						
	笑　笑 웃음 **소**						
〈읽기〉 **역물고성** 하라		또한 큰소리로 말하지 말라.					
〈구절풀이 순서〉 　1　4　2　3 • 亦 勿 高 聲	亦　亦 또 **역**						
	勿　勿						
	高　高						
	聲　聲 소리 **성**						

♣ 아래의 빈칸을 채우고, 〈읽기〉 부분을 소리내어 읽어보시오.

四字小學-25

〈읽기〉 **시좌부모** 어든		부모님을 모시고 앉은 자리에서는,
〈구절풀이 순서〉 · 侍坐父母 2 3 1	侍 侍 　 모실 **시** 坐 坐 父 父 母 母	

〈읽기〉 **물노책인** 하라		성내어 다른 사람을 꾸짖지 말라.
〈구절풀이 순서〉 · 勿怒責人 4 1 3 2	勿 勿 怒 怒 　 성낼 **노** 責 責 　 꾸짖을 **책** 人 人	

♣ 아래의 빈칸을 채우고, <읽기> 부분을 소리내어 읽어보시오.

四字小學-26

<읽기> **시 좌 친 전** 이어든	부모님 앞에 모시고 앉아 있거든,
<구절풀이 순서> 　　3　4　1　2 • 侍 坐 親 前	侍
	坐
	親
	前

<읽기> **물 거 물 와** 하라	걸터앉지 말며 눕지 말라.
<구절풀이 순서> 　　2　1　4　3 • 勿 踞 勿 臥	勿
	踞 걸터앉을 **거**
	勿
	臥 누울 **와**

38

_____ 년 월 일 ㊞

♣ 아래의 빈칸을 채우고, <읽기> 부분을 소리내어 읽어보시오.

四字小學-27

| <읽기> **헌 물 부 모** 어든 | 부모님께 물건을 드릴 때는, | | | | | |

<구절풀이 순서>

• 獻 物 父 母
    3 2 1

獻 — 드릴 헌

物 — 물건 물

父

母

<읽기> **궤 이 진 지** 하라   꿇어앉아서 그것을 올려라.

<구절풀이 순서>

• 跪 而 進 之
    1 2 4 3

跪 — 꿇어앉을 궤

而

進

之 — ~을 지   어조사 지

39

♣ 아래의 빈칸을 채우고, 〈읽기〉 부분을 소리내어 읽어보시오.

四字小學-28

〈읽기〉 **여 아 음 식** 이어시든		나에게 음식을 주시면,				
〈구절풀이 순서〉 　3　1　2 • 與 我 飮 食 • 음식 – 사람이 먹을 수 있 　도록 만든, 밥이나 　국 따위의 물건.	與 줄 **여**	與				
	我	我				
	飮 마실 **음**	飮				
	食	食				

〈읽기〉 **궤 이 수 지** 하라		꿇어앉아서 그것을 받아라.				
〈구절풀이 순서〉 　1　2　4　3 • 跪 而 受 之	跪	跪				
	而	而				
	受 받을 **수**	受				
	之	之				

♣ 아래의 빈칸을 채우고, 〈읽기〉 부분을 소리내어 읽어보시오.

四字小學-29

| 〈읽기〉 **기 유 음 식** 이라도 | 그릇에 음식이 담겨 있더라도, |

〈구절풀이 순서〉

• 器¹ 有³ 飮² 食

器 그릇 기
有
飮
食

| 〈읽기〉 **불 여 물 식** 하라 | 주시지 않으면 먹지 말라. |

〈구절풀이 순서〉

• 不² 與¹ 勿⁴ 食³

不
與
勿
食

41

___ 년 ___ 월 ___ 일 ㊞

♣ 아래의 빈칸을 채우고,〈읽기〉부분을 소리내어 읽어보시오.

四字小學-30

〈읽기〉 **약득미미** 어든   만약 맛있는 음식을 얻으면,

〈구절풀이 순서〉
• 若 得 美 味
  1 4 2 3

若	若					
만약 **약**						
得	得					
美	美					
아름다울 **미**				맛있을 **미**		
味	味					
맛 **미**						

〈읽기〉 **귀헌부모** 하라   돌아가 부모님께 드려라.

〈구절풀이 순서〉
• 歸 獻 父 母
  1 3 2

歸	歸					
돌아갈 **귀**						
獻	獻					
父	父					
母	母					

♣ 아래의 빈칸을 채우고, 〈읽기〉 부분을 소리내어 읽어보시오.

四字小學-31

〈읽기〉 **의복수악**이나		의복이 비록 나쁘더라도,
〈구절풀이 순서〉 • <u>衣 服</u> 雖 惡 1 2 3	衣 服 雖 비록 **수** 惡 나쁠 **악**	

〈읽기〉 **여지필착**하라		그것을 주시면 반드시 입어라.
〈구절풀이 순서〉 • 與 之 必 著 2 1 3 4	與 之 ~을 **지** 必 著 입을 **착**	어조사 **지**

43

♣ 아래의 빈칸을 채우고, 〈읽기〉 부분을 소리내어 읽어보시오.

四字小學-32

〈읽기〉 **음식수염** 이나	음식이 비록 먹기 싫더라도,

〈구절풀이 순서〉
· 飮食雖厭
　1　2　3

飮 飮
食 食
雖 雖
厭 厭
싫을 **염**

〈읽기〉 **여지필식** 하라	그것을 주시면 반드시 먹어라.

〈구절풀이 순서〉
· 與之必食
　2　1　3　4

與 與
之 之
必 必
食 食

♣ 아래의 빈칸을 채우고, 〈읽기〉 부분을 소리내어 읽어보시오.

四字小學-33

〈읽기〉 **부모무의** 어시든		부모님이 입으실 옷이 없으시면,
〈구절풀이 순서〉 • 父¹ 母³ 無² 衣	父 母 無 없을 무 衣	

〈읽기〉 **물사아의** 하며		내가 입을 옷을 생각하지 말며,
〈구절풀이 순서〉 • 勿⁴ 思³ 我¹ 衣²	勿 思 我 衣	

45

♣ 아래의 빈칸을 채우고, <읽기> 부분을 소리내어 읽어보시오.

四字小學-34

| <읽기> **부모무식** 이어시든 | 부모님이 드실 음식이 없으면, |

<구절풀이 순서>
• 父母無食
   1 3 2

父
母
無
食

| <읽기> **물사아식** 하라 | 내가 먹을 음식을 생각지 말라. |

<구절풀이 순서>
• 勿思我食
   4 3 1 2

勿
思
我
食

♣ 아래의 빈칸을 채우고, 〈읽기〉 부분을 소리내어 읽어보시오.

四字小學-35

〈읽기〉 **신 체 발 부**를			몸과 머리카락과 피부를,					
〈구절풀이 순서〉 　　1　2　3 • 身 體 髮 膚	身	身						
	體 몸 **체**	體						
	髮 터럭 **발**	髮						
	膚 살갗 **부**	膚						
〈읽기〉 **물 훼 물 상**하라			훼손하지 말며 상하게 하지 말라.					
〈구절풀이 순서〉 　　2　1　4　3 • 勿 毀 勿 傷	勿	勿						
	毀 훼손할 **훼**	毀						
	勿	勿						
	傷 상할 **상**	傷						

___ 년 ___ 월 ___ 일 ㊞

♣ 아래의 빈칸을 채우고, 〈읽기〉 부분을 소리내어 읽어보시오.

四字小學-36

〈읽기〉 **의복대화**를		옷과 허리띠와 신발을,				
〈구절풀이 순서〉 • 衣 服 帶 靴 　1　2　　3	衣 衣					
	服 服					
	帶 帶 허리띠 **대**					
	靴 靴 신발 **화**					
〈읽기〉 **물실물렬**하라		잃어버리지 말며 찢지 말라.				
〈구절풀이 순서〉 • 勿 失 勿 裂 　2　1　　4　3	勿 勿					
	失 失 잃을 **실**					
	勿 勿					
	裂 裂 찢을 **렬**					

_____ 년 _____ 월 _____ 일 ㊞

♣ **아래의 빈칸을 채우고, 〈읽기〉 부분을 소리내어 읽어보시오.**

四字小學-37

〈읽기〉 **부모애지** 어시든	부모님께서 그것을 사랑해 주시면,						
〈구절풀이 순서〉 　１　３　２ • 父 母 愛 之	父	父					
	母	母					
	愛 사랑할 **애**	愛					
	之	之					

〈읽기〉 **희이물망** 하라	기뻐하며 잊지 말라.						
〈구절풀이 순서〉 　１　２　４　３ • 喜 而 勿 忘	喜 기쁠 **희**	喜					
	而	而					
	勿	勿					
	忘 잊을 **망**	忘					

49

___년 ___월 ___일 ㊞

♣ **아래의 빈칸을 채우고, 〈읽기〉 부분을 소리내어 읽어보시오.**

四字小學-38

〈읽기〉 **부모책지** 어시든		부모님께서 그것을 꾸짖으시면,					
〈구절풀이 순서〉 • 父母責之 1 3 2	父	父					
	母	母					
	責	責					
	之	之					
〈읽기〉 **반성물원** 하라		반성하고 원망하지 말라.					
〈구절풀이 순서〉 • 反省勿怨 1 2 3	反	反					
	省	省					
	勿	勿					
	怨	怨					
	원망할 **원**						

♣ 아래의 빈칸을 채우고, 〈읽기〉 부분을 소리내어 읽어보시오.

四字小學-39

| 〈읽기〉 **물등고수** 하라 | 높은 나무에 올라가지 말라, |

〈구절풀이 순서〉
• 勿 登 高 樹
  4 3 1 2

勿	勿					
登	登					
오를 등						
高	高					
樹	樹					
나무 수						

| 〈읽기〉 **부모우지** 시니라 | 부모님께서 그것을 근심하시니라. |

〈구절풀이 순서〉
• 父 母 憂 之
  1 3 2

父	父					
母	母					
憂	憂					
之	之					

_____ 년 _____ 월 _____ 일 ㊞

♣ **아래의 빈칸을 채우고, 〈읽기〉 부분을 소리내어 읽어보시오.**

四字小學-40

〈읽기〉 **물영심연** 하라		깊은 연못에서 헤엄치지 말라,					
〈구절풀이 순서〉 • 勿泳深淵 4 3 1 2	勿 / 勿						
	泳 / 泳 헤엄칠 **영**						
	深 / 深 깊을 **심**						
	淵 / 淵 연못 **연**						
〈읽기〉 **부모염지** 시니라		부모님께서 그것을 염려하시니라.					
〈구절풀이 순서〉 • 父母念之 1 3 2	父 / 父						
	母 / 母						
	念 / 念 염려할 **념**						
	之 / 之						

♣ 아래의 빈칸을 채우고, 〈읽기〉 부분을 소리내어 읽어보시오.

四字小學-41

〈읽기〉 **물여인투** 하라			남과 더불어 다투지 말라,					
〈구절풀이 순서〉 • 勿 與 人 鬪 　4　2　1　3	勿	勿						
	與	與						
	人	人						
	鬪 싸울 **투**	鬪						
〈읽기〉 **부모불안** 이시니라			부모님께서 불안해하시니라.					
〈구절풀이 순서〉 • 父 母 不 安 　1　3　2	父	父						
	母	母						
	不	不						
	安 편안할 **안**	安						

_____ 년 _____ 월 _____ 일 ㊞

♣ 아래의 빈칸을 채우고,〈읽기〉부분을 소리내어 읽어보시오.

四字小學-42

〈읽기〉 **실당유진** 이어든			거실이나 집안에 먼지가 있거든,					
〈구절풀이 순서〉 　1　2　4　3 • 室 堂 有 塵	室	室						
	방 **실**							
	堂	堂						
	집 **당**							
	有	有						
	있을 유							
	塵	塵						
	먼지 **진**							
〈읽기〉 **상필쇄소** 하라			항상 반드시 물 뿌리고 청소하라.					
〈구절풀이 순서〉 　1　2　3　4 • 常 必 灑 掃	常	常						
	항상 **상**							
	必	必						
	반드시 필							
	灑	灑						
	물뿌릴 **쇄**							
	掃	掃						
	쓸 **소**							

♣ 아래의 빈칸을 채우고, 〈읽기〉 부분을 소리내어 읽어보시오.

四字小學-43

〈읽기〉 **사필품행** 하고		일은 반드시 여쭈어 보고 실행하며,				
〈구절풀이 순서〉 1 2 3 4 • 事 必 稟 行	事 일 **사**					
	必					
	稟 여쭐 **품**					
	行					

〈읽기〉 **무감자전** 하라		감히 자기 멋대로 하지 말라.				
〈구절풀이 순서〉 4 1 2 3 • 無 敢 自 專	無					
	敢 감히 **감**					
	自 스스로 **자**					
	專 멋대로 **전**					

55

_____ 년 ____ 월 ____ 일 印

♣ 아래의 빈칸을 채우고,〈읽기〉부분을 소리내어 읽어보시오.

四字小學-44

〈읽기〉**일기부모**면		한번이라도 부모님을 속이면,				
〈구절풀이 순서〉 　　1　3　2 • 一 欺 父 母	一 한 일					
	欺 속일 기					
	父 부					
	母 모					

〈읽기〉**기죄여산**이니라		그 죄가 산과 같으니라.				
〈구절풀이 순서〉 　　1　2　4　3 • 其 罪 如 山	其 기					
	罪 죄 죄					
	如 여					
	山 산 산					

___ ___ ___ 년 월 일 ㊞

♣ 아래의 빈칸을 채우고, 〈읽기〉 부분을 소리내어 읽어보시오.

四字小學-45

〈읽기〉 **설리구순**은		눈 속에서 죽순을 찾음은,					
〈구절풀이 순서〉 　　1 2 4 3 • 雪 裏 求 筍	雪 눈 설						
	裏 속 리						
	求 찾을 구						
	筍 죽순 순						
〈읽기〉 **맹종지효**요		맹종의 효도이며,					
〈구절풀이 순서〉 　1 　2 3 • 孟 宗 之 孝 •맹종 - 중국 진(晉)나라의 효자. 　어느 겨울에 연로하신 어머니가 병이 위독해졌는데 신선한 죽순탕을 먹고 싶어했다. 맹종은 방법이 없자 대밭에 들어가 대나무를 잡고 앉고 울었다. 맹종의 효성이 하늘을 감동시켜 잠시 후에 땅이 갈라지더니 죽순이 여러 개 솟아올라, 그것으로 국을 끓여 어머니를 봉양했다. 어머니는 죽순탕을 먹고 병이 나았다.	孟 성 맹						
	宗 마루 종						
	之						
	孝						

_____ 년 _____ 월 _____ 일 ㊞

♣ **아래의 빈칸을 채우고, 〈읽기〉 부분을 소리내어 읽어보시오.**

四字小學-46

〈읽기〉 **부빙득리**는		얼음을 깨고 잉어를 얻음은,					
〈구절풀이 순서〉 　2　1　4　3 • 剖 冰 得 鯉	剖 쪼갤 **부**	剖					
	冰 얼음 **빙**	冰					
	得 얻을 득	得					
	鯉 잉어 **리**	鯉					
〈읽기〉 **왕상지효**니라		왕상의 효도니라.					
〈구절풀이 순서〉 　1　　2　3 • 王 祥 之 孝 • 왕상 - 중국 진(晉)나라의 효자. 　어머니를 일찍 여의었는데, 계모 주(朱)씨는 자애롭지 못할 뿐만 아니라 아버지 앞에서 수차례 왕상을 헐뜯어 왕상은 아버지의 사랑까지 잃고 말았다. 계모가 살아 있는 물고기를 먹고 싶어하자 때가 겨울인데도 왕상은 옷을 벗고 얼음 위에 누워 고기를 찾았다. 얼음이 녹으면서 잉어 두 마리가 뛰어 오르자 가지고가 어머니를 공양하였다.	王 성 **왕**	王					
	祥 상서로울 **상**	祥					
	之	之					
	孝	孝					

___년 ___월 ___일 ㊞

♣ 아래의 빈칸을 채우고, 〈읽기〉 부분을 소리내어 읽어보시오.

四字小學-47

〈읽기〉 **아신능현** 이면	내 몸이 어질면,

〈구절풀이 순서〉

• 我 身 能 賢
  1 2 3 4

我	我					
身	身					
能	能					
~할 능						
賢	賢					
어질 현						

〈읽기〉 **예급부모** 니라	명예가 부모님께 미치고,

〈구절풀이 순서〉

• 譽 及 父 母
  1 3 2

譽	譽					
명예 예						
及	及					
미칠 급						
父	父					
母	母					

_____ 년 _____ 월 _____ 일 ㊞

♣ 아래의 빈칸을 채우고, 〈읽기〉 부분을 소리내어 읽어보시오.

四字小學 – 48

〈읽기〉 **아신불현** 이면			내 몸이 어질지 못하면,					
〈구절풀이 순서〉 　　1 2 4 3 • 我 身 不 賢	我	我						
	身	身						
	不	不						
	賢	賢						

〈읽기〉 **욕급부모** 니라			욕됨이 부모님께 미치니라.					
〈구절풀이 순서〉 　　1 3 2 • 辱 及 父 母	辱	辱	욕될 **욕**					
	及	及						
	父	父						
	母	母						

60

_____ 년 _____ 월 _____ 일 ㊞

♣ 아래의 빈칸을 채우고, 〈읽기〉 부분을 소리내어 읽어보시오.

四字小學-49

〈읽기〉 **추원보본** 하야		먼 조상을 추모하여 근본에 보답하고,					
〈구절풀이 순서〉 　　２　１　４　３ ● 追 遠 報 本 ●추모 - 죽은 사람을 그리 　며 생각함.	追 좇을 **추**	追					
	遠	遠					
	報	報					
	本 근본 **본**	本					
〈읽기〉 **제사필성** 하라		제사는 반드시 정성스럽게 지내라.					
〈구절풀이 순서〉 　　１　　２　３ ● 祭 祀 必 誠 ●제사 - 신령이나 죽은 사 　람의 넋에게 음식을 바 　치어 정성을 나타내는 　의식.	祭 제사 **제**	祭					
	祀 제사 **사**	祀					
	必	必					
	誠 정성 **성**	誠					

61

_____ 년 _____ 월 _____ 일 ㊞

♣ 아래의 빈칸을 채우고, 〈읽기〉 부분을 소리내어 읽어보시오.

四字小學-50

〈읽기〉 **비 유 선 조** 면			선조가 계시지 않았다면,				
〈구절풀이 순서〉 　3　2　1 • 非 有 先 祖 • 선조 – 먼 윗대의 조상.	非 아닐 **비**	非					
	有	有					
	先	先					
	祖 할아비 **조**	祖					
〈읽기〉 **아 신 갈 생** 이리오			내 몸이 어디서 생겨났겠는가?				
〈구절풀이 순서〉 　1　2　3　4 • 我 身 曷 生	我	我					
	身	身					
	曷	曷					
	生	生					

62

♣ 아래의 빈칸을 채우고, 〈읽기〉 부분을 소리내어 읽어보시오.

四字小學-51

〈읽기〉 **사친여차** 면		부모님 섬기기를 이와 같이 한다면,					
〈구절풀이 순서〉 　2　1　4　3 • 事 親 如 此	事	事					
	親	親					
	如	如					
	此	此					
	이 **차**						

〈읽기〉 **가위효의** 니라		효도한다고 이를(말할) 수 있느니라.					
〈구절풀이 순서〉 　3　2　1　4 • 可 謂 孝 矣	可	可					
	~할 **가**						
	謂	謂					
	이를 **위**						
	孝	孝					
	矣	矣					
	어조사 **의**						

___년 ___월 ___일 ㊞

♣ 아래의 빈칸을 채우고, 〈읽기〉 부분을 소리내어 읽어보시오.

四字小學-52

〈읽기〉 **불능여차**면		이와 같이 할 수 없으면,					
〈구절풀이 순서〉 　　4　3　2　1 • 不 能 如 此	不	不					
	能	能					
	如	如					
	此	此					

〈읽기〉 **금수무이**니라		짐승과 다름이 없느니라.					
〈구절풀이 순서〉 　　1　3　2 • 禽 獸 無 異	禽 날짐승 **금**	禽					
	獸 길짐승 **수**	獸					
	無	無					
	異 다를 **이**	異					

64

_____ 년 월 일 ㊞

♣ **아래의 빈칸을 채우고, 〈읽기〉 부분을 소리내어 읽어보시오.**

四字小學-53

〈읽기〉 **학 우 즉 사** 하야		배움이 넉넉하면 벼슬길에 나가,				
〈구절풀이 순서〉 　 1 2 3 4 • 學 優 則 仕	學 배울 **학**	學				
	優 넉넉할 **우**	優				
	則 곧 **즉**	則		~면 **즉**		
	仕 벼슬 **사**	仕				
〈읽기〉 **위 국 진 충** 하라		나라를 위해 충성을 다하라.				
〈구절풀이 순서〉 　 2 1 4 3 • 爲 國 盡 忠	爲	爲				
	國 나라 **국**	國				
	盡 다할 **진**	盡				
	忠 충성 **충**	忠				

♣ 아래의 빈칸을 채우고, 〈읽기〉 부분을 소리내어 읽어보시오.

四字小學-54

〈읽기〉 **경 신 절 용** 하야		일을 공경하고 미덥게 하며 씀씀이를 절약하여,					
〈구절풀이 순서〉 　　1　2　4　3 • 敬 信 節 用	敬	敬					
	信 믿을 **신**	信					
	節 절약할 **절**	節					
	用 쓸 **용**	用					
〈읽기〉 **애 민 여 자** 하라		백성을 사랑하기를 자식과 같게 하라.					
〈구절풀이 순서〉 　　2　1　4　3 • 愛 民 如 子	愛	愛					
	民 백성 **민**	民					
	如	如					
	子	子					

♣ 아래의 빈칸을 채우고, <읽기> 부분을 소리내어 읽어보시오.

四字小學-55

<읽기> **인륜지중**에   사람의 윤리 가운데에서,

<구절풀이 순서>
・人 倫 之 中
　1　2　3　4

人
倫　인륜 **륜**
之
中

<읽기> **충효위본**이니   충과 효가 근본이 되니,

<구절풀이 순서>
・忠 孝 爲 本
　1　2　4　3

忠
孝
爲
本

67

_____ 년 월 일 ㊞

♣ **아래의 빈칸을 채우고, 〈읽기〉 부분을 소리내어 읽어보시오.**

四字小學 – 56

| 〈읽기〉 **효당갈력** 하고 | 효도는 마땅히 힘을 다해야 하고, |

〈구절풀이 순서〉
　　1　2　4　3
• 孝 當 竭 力

孝	孝					
當 마땅 당	當					
竭 다할 갈	竭					
力 힘 력	力					

| 〈읽기〉 **충즉진명** 하라 | 충성은 목숨을 다 바쳐야 한다. |

〈구절풀이 순서〉
　　1　2　4　3
• 忠 則 盡 命

忠	忠					
則	則					
盡	盡					
命	命					

___년 ___월 ___일 ㊞

♣ 아래의 빈칸을 채우고, 〈읽기〉 부분을 소리내어 읽어보시오.

四字小學-57

〈읽기〉 **부부지륜**은		부부의 인륜은,					
〈구절풀이 순서〉 ・夫¹婦²之³倫 ・인륜 - 사람으로서 지켜야 할 인간관계나 질서.	夫 남편 **부**						
	婦 아내 **부**						
	之						
	倫						
〈읽기〉 **이성지합**이니		두 집안의 성씨가 합한 것이니,					
〈구절풀이 순서〉 ・二¹姓²之³合⁴	二 두 **이**						
	姓 성씨 **성**						
	之						
	合 합할 **합**						

_____ 년 _____ 월 _____ 일 ㊞

♣ **아래의 빈칸을 채우고, <읽기> 부분을 소리내어 읽어보시오.**

四字小學-58

| <읽기> **내외유별** 하야 | | 남편과 아내는 분별이 있어야 하며, |

<구절풀이 순서>

   1 2 4 3
• 內 外 有 別

• 내외 - 안과 밖.
    남편과 아내를 아울
    러 이르는 말.

內	內						
안 **내**							
外	外						
바깥 **외**							
有	有						
別	別						
분별할 **별**							

| <읽기> **상경여빈** 하라 | | 서로 공경하기를 손님 대하듯 하라. |

<구절풀이 순서>

   1 2 4 3
• 相 敬 如 賓

相	相						
서로 **상**							
敬	敬						
如	如						
賓	賓						
손님 **빈**							

_____ 년 월 일 ㊞

♣ 아래의 빈칸을 채우고, 〈읽기〉 부분을 소리내어 읽어보시오.

四字小學-59

〈읽기〉 **부도화의** 요		남편의 도리는 온화하고 의로워야 하며,
〈구절풀이 순서〉 　1　2　3　4 • 夫 道 和 義	夫 道 도리 **도** 和 화할 **화** 義 옳을 **의**	

〈읽기〉 **부덕유순** 이니라		부인의 덕은 부드럽고 순한 것이어야 하느니라.
〈구절풀이 순서〉 　1　2　3　4 • 婦 德 柔 順	婦 德 柔 부드러울 **유** 順 순할 **순**	

♣ 아래의 빈칸을 채우고, 〈읽기〉 부분을 소리내어 읽어보시오.

四字小學-60

〈읽기〉 **부창부수** 면		남편이 선창하고 부인이 이에 따르면,
〈구절풀이 순서〉 1 2 3 4 • 夫 唱 婦 隨	夫 夫 --- 唱 唱 부를 **창** --- 婦 婦 --- 隨 隨 따를 **수**	

〈읽기〉 **가도성의** 리라		집안의 도리가 이루어 질 것이니라.
〈구절풀이 순서〉 1 2 3 4 • 家 道 成 矣	家 家 집 **가** --- 道 道 --- 成 成 이룰 **성** --- 矣 矣	

_____ 년 _____ 월 _____ 일 ㊞

♣ 아래의 빈칸을 채우고, 〈읽기〉 부분을 소리내어 읽어보시오.

四字小學-61

〈읽기〉 **형제자매**는		형제와 자매는,					
〈구절풀이 순서〉 • 兄¹弟 姊²妹	兄	兄					
	弟	弟					
	姊 언니 **자**	姊					
	妹 여동생 **매**	妹					
〈읽기〉 **동기이생**이니		같은 기운을 받고 태어났으니,					
〈구절풀이 순서〉 • 同¹氣²而³生⁴	同	同					
	氣 기운 **기**	氣					
	而	而					
	生	生					

♣ **아래의 빈칸을 채우고, 〈읽기〉 부분을 소리내어 읽어보시오.**

四字小學-62

〈읽기〉 **형 우 제 공** 하야		형은 우애하고 아우는 공손히 대하며,				
〈구절풀이 순서〉 　1　2　3　4 • 兄 友 弟 恭	兄	兄				
	友	友				
우애로울 **우**	弟	弟				
	恭	恭				

〈읽기〉 **불 감 원 노** 니라		감히 원망하거나 성내지 말아야 하느니라.				
〈구절풀이 순서〉 　4　1　2　3 • 不 敢 怨 怒	不	不				
	敢	敢				
	怨	怨				
	怒	怒				

_____ 년 _____ 월 _____ 일 ㊞

♣ 아래의 빈칸을 채우고, 〈읽기〉 부분을 소리내어 읽어보시오.

四字小學-63

〈읽기〉 **골육수분** 이나	뼈와 살은 비록 나누어졌으나,							
〈구절풀이 순서〉 　 1 2 3 4 • 骨 肉 雖 分	骨	骨						
	뼈 **골**							
	肉	肉						
	고기 **육**							
	雖	雖						
	分	分						
	나눌 **분**							
〈읽기〉 **본생일기** 니라	본래 한 기운에서 태어났으며,							
〈구절풀이 순서〉 　 1 4 2 3 • 本 生 一 氣	本	本						
	生	生						
	一	一						
	氣	氣						

___ 년 ___ 월 ___ 일 ㊞

♣ 아래의 빈칸을 채우고, 〈읽기〉 부분을 소리내어 읽어보시오.

四字小學-64

〈읽기〉 **형체수이** 나			형체는 비록 다르나,					
〈구절풀이 순서〉 　1　2　3 • 形 體 雖 異	形	形 형상 **형**						
	體	體						
	雖	雖						
	異	異						
〈읽기〉 **소수일혈** 이니라			본래 한 핏줄을 받았느니라.					
〈구절풀이 순서〉 　1　4　2　3 • 素 受 一 血	素	素 본디 **소**						
	受	受						
	一	一						
	血	血						

_____ 년   월   일 ㊞

♣ 아래의 빈칸을 채우고, 〈읽기〉 부분을 소리내어 읽어보시오.

四字小學-65

〈읽기〉 **비지어목** 하면			그것을 나무에 비유하면,					
〈구절풀이 순서〉 　4　1　3　2 • 比 之 於 木	比 견줄 **비**	比						
	之	之						
	於 ~에 **어**	於						
	木 나무 **목**	木						

〈읽기〉 **동근이지** 니라			뿌리를 같이 하고 가지만 다른 것과 같고,					
〈구절풀이 순서〉 　2　1　4　3 • 同 根 異 枝	同	同						
	根 뿌리 **근**	根						
	異	異						
	枝 가지 **지**	枝						

77

_____ 년 _____ 월 _____ 일 印

♣ 아래의 빈칸을 채우고,〈읽기〉부분을 소리내어 읽어보시오.

四字小學-66

〈읽기〉**비지어수** 하면			그것을 물에 비유하면,				
〈구절풀이 순서〉 　　4 1 3 2 • 比 之 於 水	比	比					
	之	之					
	於	於					
	水	水					
	물 **수**						
〈읽기〉**동원이류** 니라			근원을 같이 하고 흐름만 다른 것과 같으니라.				
〈구절풀이 순서〉 　　2 1 4 3 • 同 源 異 流	同	同					
	源	源					
	근원 **원**						
	異	異					
	流	流					
	흐를 **류**						

_____ 년 월 일 ㊞

♣ 아래의 빈칸을 채우고, 〈읽기〉 부분을 소리내어 읽어보시오.

四字小學-67

| 〈읽기〉 **형제이이** 하야 | 형제는 서로 사이 좋게 지내야 하니, |

〈구절풀이 순서〉
• 兄弟 怡怡
  1   2

兄	兄					
弟	弟					
怡 기뻐할 이	怡					
怡	怡					

| 〈읽기〉 **행즉안항** 하라 | 길을 갈 때는 기러기 떼처럼 나란히 가라. |

〈구절풀이 순서〉
• 行 則 雁 行
  1 2 3 4

行	行					
則	則					
雁 기러기 안	雁					
行	行					

79

_____ 년 월 일 ㊞

♣ 아래의 빈칸을 채우고,〈읽기〉부분을 소리내어 읽어보시오.

四字小學-68

〈읽기〉**침즉연금** 하고			잠잘 때는 이불을 나란히 덮고,				
〈구절풀이 순서〉 　 1 2 4 3 • 寢 則 連 衾	寢 _{잠잘} **침**	寢					
	則	則					
	連 _{연할} **련**	連					
	衾 _{이불} **금**	衾					
〈읽기〉**식즉동상** 하라			밥 먹을 때는 밥상을 함께 하라.				
〈구절풀이 순서〉 　 1 2 4 3 • 食 則 同 牀	食	食					
	則	則					
	同	同					
	牀 _상 **상**	牀					

♣ **아래의 빈칸을 채우고, 〈읽기〉 부분을 소리내어 읽어보시오.**

四字小學-69

〈읽기〉 **분무구다** 하며		나눌 때에 많기를 구하지 말며,						
〈구절풀이 순서〉 　1　4　3　2 • 分 毋 求 多	分	分						
	毋 말 **무**	毋						
	求	求						
	多 많을 **다**	多						
〈읽기〉 **유무상통** 하라		있고 없는 것을 서로 통하게 하라.						
〈구절풀이 순서〉 　1　2　3　4 • 有 無 相 通	有	有						
	無	無						
	相	相						
	通 통할 **통**	通						

_____ 년 _____ 월 _____ 일 ㊞

♣ 아래의 빈칸을 채우고, 〈읽기〉 부분을 소리내어 읽어보시오.

四字小學-70

〈읽기〉 **사기의식** 이면			형제간에 그 의복과 음식을 사사로이 하면,						
〈구절풀이 순서〉 • 私 其 衣 食 4 1 2 3	私	私							
	사사로울 **사**								
	其	其							
	衣	衣							
	食	食							

〈읽기〉 **이적지도** 니라			오랑캐의 무리와 다름이 없느니라.						
〈구절풀이 순서〉 • 夷 狄 之 徒 1 2 3	夷	夷							
	동오랑캐 **이**								
	狄	狄							
	북오랑캐 **적**								
	之	之							
	~의 **지**							어조사 **지**	
	徒	徒							
	무리 **도**								

82

♣ 아래의 빈칸을 채우고, 〈읽기〉 부분을 소리내어 읽어보시오.

四字小學-71

〈읽기〉 **형무의복** 이어든		형이 의복이 없으면,						
〈구절풀이 순서〉 　1　3　2 • 兄 無 衣 服	兄 형　형	兄						
	無	無						
	衣	衣						
	服	服						

〈읽기〉 **제필헌지** 하라		아우가 반드시 형에게 그것을 드리고,						
〈구절풀이 순서〉 　1　2　4　3 • 弟 必 獻 之	弟 아우　제	弟						
	必	必						
	獻	獻						
	之	之						

_____ 년 _____ 월 _____ 일 ㊞

♣ 아래의 빈칸을 채우고, 〈읽기〉 부분을 소리내어 읽어보시오.

四字小學-72

〈읽기〉 **제 무 음 식** 이어든			아우가 음식이 없으면,					
〈구절풀이 순서〉 　　1　3　2 • 弟 無 飮 食	弟	弟						
	無	無						
	飮	飮						
	食	食						
〈읽기〉 **형 필 여 지** 하라			형이 반드시 그것을 아우에게 주어라.					
〈구절풀이 순서〉 　　1　2　4　3 • 兄 必 與 之	兄	兄						
	必	必						
	與	與						
	之	之						

_____ 년 _____ 월 _____ 일 ㊞

♣ 아래의 빈칸을 채우고, <읽기> 부분을 소리내어 읽어보시오.

四字小學-73

<읽기> **일 배 지 수** 라도   한 잔의 물이라도,

<구절풀이 순서>
• 一 杯 之 水
  1 2 3 4

一	一
杯 (잔 **배**)	杯
之	之
水	水

<읽기> **필 분 이 음** 하고   반드시 나누어 마시고,

<구절풀이 순서>
• 必 分 而 飮
  1 2 3 4

必	必
分	分
而	而
飮	飮

85

_____ 년 ____ 월 ____ 일 ㊞

♣ **아래의 빈칸을 채우고, 〈읽기〉 부분을 소리내어 읽어보시오.**

四字小學-74

〈읽기〉 **일 립 지 식** 이라도		한 알의 먹을거리라도,				
〈구절풀이 순서〉 　1　2　3　4 • 一 粒 之 食	一	一				
	粒 낟알 **립**	粒				
	之	之				
	食	食				
〈읽기〉 **필 분 이** 식 하라		반드시 나누어 먹어라.				
〈구절풀이 순서〉 　1　2　3　4 • 必 分 而 食	必	必				
	分	分				
	而	而				
	食	食				

♣ 아래의 빈칸을 채우고, 〈읽기〉 부분을 소리내어 읽어보시오.

四字小學-75

〈읽기〉	**형 수 책 아** 나			형이 비록 나를 꾸짖더라도,				
〈구절풀이 순서〉 　1　2　3　4 • 兄 雖 責 我	兄	兄						
	雖	雖						
	責	責						
	我	我						

〈읽기〉	**막 감 항 노** 하라			감히 항거하고 성내지 말고.				
〈구절풀이 순서〉 　4　1　2　3 • 莫 敢 抗 怒	莫 말 막	莫						
	敢	敢						
	抗 항거할 항	抗						
	怒	怒						

___ 년 ___ 월 ___ 일 ㊞

♣ 아래의 빈칸을 채우고, <읽기> 부분을 소리내어 읽어보시오.

四字小學-76

<읽기> **제 수 유 과** 나	아우가 비록 잘못이 있더라도,

<구절풀이 순서>

　　1 2 4 3
● 弟 雖 有 過

弟	弟					
雖	雖					
有	有					
過 허물 과	過					

<읽기> **수 물 성 책** 하라	모름지기 큰소리로 꾸짖지 말라.

<구절풀이 순서>

　　1 4 2 3
● 須 勿 聲 責

須	須					
勿	勿					
聲	聲					
責	責					

♣ 아래의 빈칸을 채우고, <읽기> 부분을 소리내어 읽어보시오.

四字小學-77

<읽기> **형제유선** 이어든	형제 사이에 잘한 일이 있으면,

<구절풀이 순서>
• 兄弟有善
   1 3 2

兄	兄					
弟	弟					
有	有					
善	善					
착할 선						

<읽기> **필예우외** 하라	반드시 밖으로 칭찬하라.

<구절풀이 순서>
• 必譽于外
   1 4 3 2

必	必					
譽	譽					
于	于					
~에 우						
外	外					

___년 ___월 ___일 ㊞

♣ **아래의 빈칸을 채우고, 〈읽기〉 부분을 소리내어 읽어보시오.**

四字小學-78

〈읽기〉 **형제유실** 이어든		형제 사이에 잘못이 있으면,					
〈구절풀이 순서〉 • 兄¹ 弟³ 有² 失	兄	兄					
	弟	弟					
	有	有					
	失	失					

〈읽기〉 **은이물양** 하라		숨겨 주고 드러내지 말라.					
〈구절풀이 순서〉 • 隱¹ 而² 勿⁴ 揚³	隱	隱					
숨길 **은**							
	而	而					
	勿	勿					
	揚	揚					
드날릴 **양**							

_____ 년 _____ 월 _____ 일 ㊞

♣ **아래의 빈칸을 채우고, 〈읽기〉 부분을 소리내어 읽어보시오.**

四字小學-79

〈읽기〉 **형제유난** 이어든		형제 사이에 어려운 일이 있으면,				
〈구절풀이 순서〉 • 兄 弟 有 難 1 3 2	兄					
	弟					
	有					
	難 어려울 **난**					
〈읽기〉 **민이사구** 하라		근심하고 구원해 주기를 생각하라.				
〈구절풀이 순서〉 • 悶 而 思 救 1 2 4 3	悶 근심할 **민**					
	而					
	思					
	救 구원할 **구**					

♣ 아래의 빈칸을 채우고, 〈읽기〉 부분을 소리내어 읽어보시오.

四字小學-80

〈읽기〉 **형능여차** 면		형이 이와 같이 한다면,					
〈구절풀이 순서〉 　1　4　3　2 • 兄 能 如 此	兄	兄					
	能	能					
	如	如					
	此	此					

〈읽기〉 **제역효지** 리라		아우도 또한 그것을 본받으리라.					
〈구절풀이 순서〉 　1　2　4　3 • 弟 亦 效 之	弟	弟					
	亦	亦					
	效 본받을 **효**	效					
	之	之					

_____ 년 _____ 월 _____ 일 ㊞

♣ 아래의 빈칸을 채우고, 〈읽기〉 부분을 소리내어 읽어보시오.

四字小學 – 81

〈읽기〉 **아유환락** 이면		나에게 기쁨과 즐거움이 있으면,					
〈구절풀이 순서〉 　1　4　2　3 • 我 有 歡 樂	我 有 歡 기쁠 **환** 樂 즐거울 **락**	我 有 歡 樂					
〈읽기〉 **형제역락** 이니라		형제들도 또한 즐거워하고,					
〈구절풀이 순서〉 　1　2　3 • 兄 弟 亦 樂	兄 弟 亦 樂	兄 弟 亦 樂					

93

___ 년 ___ 월 ___ 일 印

♣ **아래의 빈칸을 채우고, <읽기> 부분을 소리내어 읽어보시오.**

四字小學-82

| <읽기> **아 유 우 환** 이면 | 나에게 근심과 걱정이 있으면, |

<구절풀이 순서>

• 我 有 憂 患
  1 4 2 3

我
有
憂
患

근심 **환**

| <읽기> **형 제 역 우** 니라 | 형제들도 또한 근심하느니라. |

<구절풀이 순서>

• 兄 弟 亦 憂
  1   2 3

兄
弟
亦
憂

94

년 월 일 ㊞

♣ 아래의 빈칸을 채우고, 〈읽기〉 부분을 소리내어 읽어보시오.

四字小學-83

〈읽기〉 **수유타친** 이나			비록 다른 친척이 있으나,					
〈구절풀이 순서〉 　　1　4　2　3 • 雖 有 他 親	雖	雖						
	有	有						
	他 다를 **타**	他						
	親	親						

〈읽기〉 **기약형제** 리오			어찌 형제 사이와 같겠는가?					
〈구절풀이 순서〉 　　1　3　2 • 豈 若 兄 弟	豈 어찌 **기**	豈						
	若	若						
	兄	兄						
	弟	弟						

___년 ___월 ___일 ㊞

♣ 아래의 빈칸을 채우고,〈읽기〉부분을 소리내어 읽어보시오.

四字小學-84

〈읽기〉 **형제화목** 이면 　　　형제가 화목하면,

〈구절풀이 순서〉
• 兄弟 和睦
   1   2

• 화목 – 서로 뜻이 맞고 정다움.

兄	兄				
弟	弟				
和	和				
睦	睦				

화목할 **목**

〈읽기〉 **부모희지** 시니라 　　　부모님께서 그것을 기뻐하시니라.

〈구절풀이 순서〉
• 父母 喜 之
   1   3 2

父	父				
母	母				
喜	喜				
之	之				

___ 년 ___ 월 ___ 일 ㊞

♣ 아래의 빈칸을 채우고, 〈읽기〉 부분을 소리내어 읽어보시오.

四字小學-85

〈읽기〉 **사사여친** 하야		스승 섬기기는 어버이 섬기듯이 하여,					
〈구절풀이 순서〉 　2　1　4　3 • 事 師 如 親	事						
	師 스승 **사**						
	如						
	親						

〈읽기〉 **필공필경** 하라		반드시 공손히 하고 반드시 공경하라.					
〈구절풀이 순서〉 　1　2　3　4 • 必 恭 必 敬	必						
	恭						
	必						
	敬						

___ 년 ___ 월 ___ 일 ㊞

♣ **아래의 빈칸을 채우고, <읽기> 부분을 소리내어 읽어보시오.**

四字小學-86

<읽기> **선생시교** 어시든	선생님께서 가르침을 베풀어 주시면,

<구절풀이 순서>

• 先 生 施 教
  1   3 2

先
生
施 — 베풀 **시**
教

<읽기> **제자시칙** 하라	제자들은 이것을 본받아라.

<구절풀이 순서>

• 弟 子 是 則
  1 2 3

弟
子
是
則 — 본받을 **칙**   곧 **즉**

98

_____ 년 _____ 월 _____ 일 ㊞

♣ 아래의 빈칸을 채우고, 〈읽기〉 부분을 소리내어 읽어보시오.

四字小學-87

〈읽기〉 **숙흥야매** 하야		아침 일찍 일어나고 밤늦게 자서,				
〈구절풀이 순서〉 　　1　2　3　4 • 夙興夜寐	夙 일찍 **숙**	夙				
	興 일어날 **흥**	興				
	夜 밤 **야**	夜				
	寐 잘 **매**	寐				
〈읽기〉 **물라독서** 하라		책 읽기를 게을리 하지 말라.				
〈구절풀이 순서〉 　　4　3　2　1 • 勿懶讀書	勿	勿				
	懶 게으를 **라**	懶				
	讀	讀				
	書 책 **서**	書				

99

♣ 아래의 빈칸을 채우고, 〈읽기〉 부분을 소리내어 읽어보시오.

四字小學-88

〈읽기〉 **근면공부** 하면		공부를 부지런히 힘쓰면,			
〈구절풀이 순서〉 　2　3　1 • 勤 勉 工 夫	勤 부지런할 **근**				
	勉 힘쓸 **면**				
	工 공부 **공**				
	夫 어조사 **부**				
〈읽기〉 **부모열지** 시니라		부모님께서 그것을 기뻐하느니라.			
〈구절풀이 순서〉 　1　3　2 • 父 母 悅 之	父				
	母				
	悅 기쁠 **열**				
	之				

___ 년 ___ 월 ___ 일 ㊞

♣ 아래의 빈칸을 채우고, 〈읽기〉 부분을 소리내어 읽어보시오.

四字小學-89

〈읽기〉 **시습문자** 어든			처음 문자를 익힐 때는,					
〈구절풀이 순서〉 　　1　3　2 • 始 習 文 字 • 문자 – 말의 음과 뜻을 눈(시각)으로 읽을 수 있게 나타낸 기호로서 글자라고도 함.	始	始						
	처음 시							
	習	習						
	익힐 습							
	文	文						
	글월 문							
	字	字						
	글자 자							
〈읽기〉 **자획해정** 하라			글자의 획을 바르게 써라.					
〈구절풀이 순서〉 　　1　2　3 • 字 畫 楷 正	字	字						
	글자 자							
	畫	畫						
	그을 획							
	楷	楷						
	바를 해							
	正	正						
	바를 정							

___ 년 ___ 월 ___ 일 ㊞

♣ 아래의 빈칸을 채우고, <읽기> 부분을 소리내어 읽어보시오.

四字小學-90

<읽기> **서 책 낭 자** 어든		서책이 여기저기 어지럽혀 있으면,					
<구절풀이 순서> • $\underset{1}{書冊}$ $\underset{2}{狼藉}$	書 서 서						
	冊 책 **책**						
	狼 어수선할 **랑**						
	藉 깔 **자**						
<읽기> **매 필 정 돈** 하라		매번 반드시 정돈하라.					
<구절풀이 순서> • $\underset{1}{每} \underset{2}{必} \underset{3}{整頓}$ •정돈 - 어지럽게 흩어진 것을 규모 있게 고쳐 놓거나 가지런히 바로 잡아 정리함.	每 매양 매						
	必 반드시 필						
	整 정리할 **정**						
	頓 조아릴 **돈**						

_____ 년 월 일 ㊞

♣ 아래의 빈칸을 채우고, 〈읽기〉 부분을 소리내어 읽어보시오.

四字小學-91

〈읽기〉 **능효능제** 가		부모님께 효도하고 웃어른을 공경할 수 있는 것은,
〈구절풀이 순서〉 　2　1　4　3 • 能 孝 能 悌	能 孝 能 悌 공경할 **제**	

〈읽기〉 **막비사은** 이니라		스승의 은혜 아닌 것이 없느니라.
〈구절풀이 순서〉 　4　3　1　2 • 莫 非 師 恩	莫 非 師 恩	

103

♣ 아래의 빈칸을 채우고, 〈읽기〉 부분을 소리내어 읽어보시오.

四字小學-92

〈읽기〉 **능지능행** 이			알 수 있고 행할 수 있는 것은,				
〈구절풀이 순서〉 2 1 4 3 • 能 知 能 行	能	能					
	知 알 지	知					
	能	能					
	行	行					

〈읽기〉 **총시사공** 이니라			다 스승의 은공이니라.				
〈구절풀이 순서〉 1 4 2 3 • 總 是 師 功	總 다 총	總					
	是	是					
	師	師					
	功 공 공	功					

104

_____ 년 _____ 월 _____ 일 ㊞

♣ 아래의 빈칸을 채우고, 〈읽기〉 부분을 소리내어 읽어보시오.

四字小學-93

〈읽기〉 **장 자 자 유** 하고		어른은 어린이를 사랑하고,					
〈구절풀이 순서〉 　　1　3　2 • **長 者 慈 幼**	長 _{어른} **장**	長					
	者	者					
	慈 _{사랑할} **자**	慈					
	幼 _{어린이} **유**	幼					
〈읽기〉 **유 자 경 장** 하라		어린이는 어른을 공경하라.					
〈구절풀이 순서〉 　　1　3　2 • **幼 者 敬 長**	幼	幼					
	者	者					
	敬	敬					
	長	長					

♣ 아래의 빈칸을 채우고, 〈읽기〉 부분을 소리내어 읽어보시오.

四字小學-94

〈읽기〉 **장자지전** 엔   어른의 앞에서는,

〈구절풀이 순서〉
• 長₁ 者₂ 之₃ 前

長
者
之
前

〈읽기〉 **진퇴필공** 하라   나아가고 물러날 때 반드시 공손히 하라.

〈구절풀이 순서〉
• 進₁ 退₂ 必₃ 恭₄

進
退   물러날 **퇴**
必
恭

106

♣ 아래의 빈칸을 채우고, <읽기> 부분을 소리내어 읽어보시오.

四字小學-95

<읽기> **연장이배** 어든　　　나이가 곱절로 많으면,

<구절풀이 순서>

• 年長以倍
　1　4　2　3

年 나이 년
長
以
倍 곱 배

<읽기> **부이사지** 하고　　　아버지로 대우하여 그분을 섬기고,

<구절풀이 순서>

• 父以事之
　1　2　4　3

父
以
事
之

_____ 년 _____ 월 _____ 일 ㊞

♣ **아래의 빈칸을 채우고, <읽기> 부분을 소리내어 읽어보시오.**

四字小學-96

| <읽기> **십년이장** 이어든 | 열 살이 더 많으면, |

<구절풀이 순서>
• 十年以長
  1 2 3

十	十					
열 십						
年	年					
以	以					
長	長					

<읽기> **형이사지** 하라   형으로 대우하여 그를 섬겨라.

<구절풀이 순서>
• 兄以事之
  1 2 4 3

兄	兄					
以	以					
事	事					
之	之					

_____ 년 _____ 월 _____ 일 ㊞

♣ 아래의 빈칸을 채우고, 〈읽기〉 부분을 소리내어 읽어보시오.

四字小學-97

〈읽기〉 **아경인친** 이면			내가 다른 사람의 어버이를 공경하면,					
〈구절풀이 순서〉 　1　4　2　3 • 我 敬 人 親	我	我						
	敬	敬						
	人	人						
	親	親						
〈읽기〉 **인경아친** 이니라			다른 사람도 내 어버이를 공경하느니라.					
〈구절풀이 순서〉 　1　4　2　3 • 人 敬 我 親	人	人						
	敬	敬						
	我	我						
	親	親						

♣ 아래의 빈칸을 채우고, 〈읽기〉 부분을 소리내어 읽어보시오.

四字小學-98

〈읽기〉 **아경인형** 이면		내가 다른 사람의 형을 공경하면,
〈구절풀이 순서〉 　　1　4　2　3 • 我 敬 人 兄	我 敬 人 兄	

〈읽기〉 **인경아형** 이니라		다른 사람도 내 형을 공경하느니라.
〈구절풀이 순서〉 　　1　4　2　3 • 人 敬 我 兄	人 敬 我 兄	

년 월 일 ㊞

♣ 아래의 빈칸을 채우고, 〈읽기〉 부분을 소리내어 읽어보시오.

四字小學-99

〈읽기〉 **빈객내방** 이어든			손님이 찾아오면,					
〈구절풀이 순서〉 　　　1　3　2 • 賓 客 來 訪	賓	賓						
	客	客						
	손 객							
	來	來						
	올 래							
	訪	訪						
	찾을 방							
〈읽기〉 **접대필성** 하라			접대를 반드시 정성스럽게 하라.					
〈구절풀이 순서〉 　　　1　2　3 • 接 待 必 誠 • 접대 - 손님을 맞이하여 음식 등을 차려 모시거나 시중을 듦.	接	接						
	접대할 접							
	待	待						
	접대할 대							
	必	必						
	誠	誠						

_____ 년 _____ 월 _____ 일 ㊞

♣ 아래의 빈칸을 채우고, 〈읽기〉 부분을 소리내어 읽어보시오.

四字小學-100

〈읽기〉 **빈객불래**면		손님이 오지 않으면,					
〈구절풀이 순서〉 • <u>賓</u> <u>客</u> 不 來 1 3 2	賓	賓					
	客	客					
	不	不					
	來	來					

〈읽기〉 **문호적막**이니라		문호가 적막해지느니라.					
〈구절풀이 순서〉 • 門 戶 寂 寞 1 2 • 적막 – 의지할 데 없이 외로움.	門	門					
	戶	戶					
	寂 고요할 **적**	寂					
	寞 고요할 **막**	寞					

♣ **아래의 빈칸을 채우고, <읽기> 부분을 소리내어 읽어보시오.**

四字小學-101

<읽기> **인 지 재 세**에	사람이 세상에 있으면서,
<구절풀이 순서> •人 之 在 世 　1　2　4　3	人 之　~이 지　　　　　　　　어조사 지 在　있을 재 世　세상 세

<읽기> **불 가 무 우**니라	친구가 없을 수 없으니,
<구절풀이 순서> •不 可 無 友 　4　3　2　1	不 可 無 友

_____ 년 _____ 월 _____ 일 ㊞

♣ 아래의 빈칸을 채우고, ⟨읽기⟩ 부분을 소리내어 읽어보시오.

四字小學-102

⟨읽기⟩ **이문회우** 하고		글로써 벗을 모으고,					
⟨구절풀이 순서⟩ ② ① ④ ③ • 以 文 會 友	以 以						
	文 文						
	會 會 모을 회						
	友 友						

⟨읽기⟩ **이우보인** 하라		벗으로써 나의 어짊을 도와라.					
⟨구절풀이 순서⟩ ② ① ④ ③ • 以 友 輔 仁	以 以						
	友 友						
	輔 輔 도울 보						
	仁 仁 어질 인						

♣ 아래의 빈칸을 채우고, 〈읽기〉 부분을 소리내어 읽어보시오.

四字小學-103

| 〈읽기〉 **우기정인** 이면 | 그토록 바른 사람을 벗하면, |

〈구절풀이 순서〉

· 友 其 正 人
  4 1 2 3

友
其
正
人

| 〈읽기〉 **아역자정** 이니라 | 나도 또한 저절로 바르게 되고, |

〈구절풀이 순서〉

· 我 亦 自 正
  1 2 3 4

我
亦
自
正

115

____년 ____월 ____일 ㊞

♣ 아래의 빈칸을 채우고, <읽기> 부분을 소리내어 읽어보시오.

四字小學-104

<읽기> **종유사인** 이면		간사한 사람을 좇아 놀면,
<구절풀이 순서> 　　3　4　1　2 • 從 遊 邪 人	從 좇을 **종** 遊 邪 간사할 **사** 人	從 ( ) ( ) ( ) 따를 **종** ( ) ( ) 遊 ( ) ( ) ( ) ( ) ( ) 邪 ( ) ( ) ( ) ( ) ( ) 人 ( ) ( ) ( ) ( ) ( )

<읽기> **아역자사** 니라		나도 또한 저절로 간사해지느니라.
<구절풀이 순서> 　　1　2　3　4 • 我 亦 自 邪	我 亦 自 邪	我 ( ) ( ) ( ) ( ) ( ) 亦 ( ) ( ) ( ) ( ) ( ) 自 ( ) ( ) ( ) ( ) ( ) 邪 ( ) ( ) ( ) ( ) ( )

_____ 년 월 일 ㊞

♣ 아래의 빈칸을 채우고, 〈읽기〉 부분을 소리내어 읽어보시오.

四字小學-105

〈읽기〉 **봉생마중**이면　　　　쑥이 삼밭 가운데서 자라면,

〈구절풀이 순서〉
・ ¹蓬 ⁴生 ²麻 ³中

蓬 쑥 봉
生
麻 삼 마
中

〈읽기〉 **불부자직**이요　　　　붙들어주지 않아도 저절로 곧아지고,

〈구절풀이 순서〉
・ ²不 ¹扶 ³自 ⁴直

不
扶 붙들 부
自
直 곧을 직

117

_____ 년 _____ 월 _____ 일 ㊞

♣ 아래의 빈칸을 채우고,〈읽기〉부분을 소리내어 읽어보시오.

四字小學 - 106

〈읽기〉 **백사재니** 면		흰모래가 진흙 속에 있으면,				
〈구절풀이 순서〉 • 白₁ 沙₂ 在₄ 泥₃	白 흰 백	白				
	沙 모래 사	沙				
	在	在				
	泥 진흙 니	泥				
〈읽기〉 **불염자오** 니라		물들이지 않아도 저절로 더러워지느니라.				
〈구절풀이 순서〉 • 不₂ 染₁ 自₃ 汚₄	不	不				
	染 물들일 염	染				
	自	自				
	汚 더러울 오	汚				

♣ 아래의 빈칸을 채우고, 〈읽기〉 부분을 소리내어 읽어보시오.

四字小學-107

〈읽기〉 **근묵자흑** 이요			먹을 가까이 하는 사람은 검어지고,				
〈구절풀이 순서〉 　2　1　3　4 • 近 墨 者 黑	近	近					
	가까울 근						
	墨	墨					
	먹 묵						
	者	者					
	黑	黑					
	검을 흑						
〈읽기〉 **근주자적** 이니			주사를 가까이 하는 사람은 붉게 되나니,				
〈구절풀이 순서〉 　2　1　3　4 • 近 朱 者 赤 • 주사 - 진한 붉은 색의 광물로, 안료나 약재로 씀.	近	近					
	朱	朱					
	주사 주						
	者	者					
	赤	赤					
	붉을 적						

년 월 일 印

♣ 아래의 빈칸을 채우고, 〈읽기〉 부분을 소리내어 읽어보시오.

四字小學-108

〈읽기〉 **거필택린** 하고		사는 곳은 반드시 이웃을 가려 정하고,
〈구절풀이 순서〉 　1　2　3 • 居 必 擇 鄰	居 살 거	
	必	
	擇 가릴 택	
	鄰 이웃 린	

〈읽기〉 **취필유덕** 하라		나아갈 때엔 반드시 덕 있는 사람에게 가라.
〈구절풀이 순서〉 　1　2　3 • 就 必 有 德	就 나아갈 취	
	必	
	有	
	德	

120

____ 년 ____ 월 ____ 일 ㊞

♣ 아래의 빈칸을 채우고, 〈읽기〉 부분을 소리내어 읽어보시오.

四字小學-109

〈읽기〉 **택이교지**면	가려서 사람을 사귄다면,						
〈구절풀이 순서〉 • 擇 而 交 之 1 2 4 3	擇	擇					
	而	而					
	交 사귈 **교**	交					
	之	之					
〈읽기〉 **유소보익**이니라	도움과 유익된 바가 있을 것이요,						
〈구절풀이 순서〉 • 有 所 補 益 4 3 1 2	有	有					
	所 바 **소**	所					
	補 도울 **보**	補					
	益 유익할 **익**	益					

♣ **아래의 빈칸을 채우고, 〈읽기〉 부분을 소리내어 읽어보시오.**

四字小學-110

〈읽기〉 **불택이교**면		가리지 않고 사귄다면,					
〈구절풀이 순서〉 　　2　1　3　4 • 不 擇 而 交	不	不					
	擇	擇					
	而	而					
	交	交					

〈읽기〉 **반유해의**니라		도리어 해됨이 있을 것이니라.					
〈구절풀이 순서〉 　　1　3　2　4 • 反 有 害 矣	反	反					
	有	有					
	害 해로울 **해**	害					
	矣	矣					

♣ 아래의 빈칸을 채우고, 〈읽기〉 부분을 소리내어 읽어보시오.

四字小學-111

〈읽기〉 **붕우유과** 어든			친구에게 잘못이 있으면,					
〈구절풀이 순서〉 • 朋 友 有 過 　1　3　2	朋 벗 **붕**	朋						
	友	友						
	有	有						
	過	過						

〈읽기〉 **충고선도** 하라			충고하여 착하게 인도하라.					
〈구절풀이 순서〉 • 忠 告 善 導 　1　2　3 • 충고 – 남의 잘못이나 허물을 참된 마음으로 타이름.	忠	忠						
	告	告						
	善	善						
	導 인도할 **도**	導						

123

_____ 년   월   일 ㊞

♣ 아래의 빈칸을 채우고, 〈읽기〉 부분을 소리내어 읽어보시오.

四字小學-112

〈읽기〉 **인 무 책 우** 면		사람이 잘못을 꾸짖어주는 친구가 없으면,						
〈구절풀이 순서〉 　1 4 2 3 • 人 無 責 友	人	人						
	無	無						
	責	責						
	友	友						

〈읽기〉 **이 함 불 의** 니라		옳지 못한 데에 빠지기 쉬우니라.						
〈구절풀이 순서〉 　4 3 2 1 • 易 陷 不 義	易	易						
	쉬울 **이**							
	陷	陷						
	빠질 **함**							
	不	不						
	義	義						

♣ 아래의 빈칸을 채우고, 〈읽기〉 부분을 소리내어 읽어보시오.

四字小學-113

〈읽기〉 **면 찬 아 선** 이면	면전에서 나의 착한 점을 칭찬하면,					
〈구절풀이 순서〉 　　1　4　2　3 ● 面 讚 我 善	面	面				
	讚	讚				
	기릴 **찬**					
	我	我				
	善	善				

〈읽기〉 **첨 유 지 인** 이니라	아첨하는 사람일 것이며,					
〈구절풀이 순서〉 　1　2　　3 ● 諂 諛 之 人 ●아첨 - 남의 환심을 사거나 잘 보이려고 알랑거림. 또는 그런 말이나 짓.	諂	諂				
	아첨할 **첨**					
	諛	諛				
	아첨할 **유**					
	之	之				
	~는 **지**				어조사 **지**	
	人	人				

♣ 아래의 빈칸을 채우고, 〈읽기〉 부분을 소리내어 읽어보시오.

四字小學-114

〈읽기〉 **면책아과** 면		면전에서 나의 잘못을 꾸짖으면,				
〈구절풀이 순서〉 　1 4 2 3 • 面 責 我 過	面	面				
	責	責				
	我	我				
	過	過				

〈읽기〉 **강직지인** 이니라		굳세고 정직한 사람이니라.				
〈구절풀이 순서〉 　1 2 3 4 • 剛 直 之 人	剛	剛				
굳셀 **강**						
	直	直				
	之	之				
	人	人				

♣ 아래의 빈칸을 채우고, <읽기> 부분을 소리내어 읽어보시오.

四字小學-115

<읽기> **언 이 불 신** 이면   말을 하되 미덥지 못하면,

<구절풀이 순서>
　　1 2 4 3
• 言 而 不 信

言 (말씀 언)
而
不
信

<읽기> **비 직 지 우** 니라   정직한 벗이 아니니라.

<구절풀이 순서>
　　4 1 2 3
• 非 直 之 友

非
直
之
友

127

___ 년 ___ 월 ___ 일 印

♣ 아래의 빈칸을 채우고, <읽기> 부분을 소리내어 읽어보시오.

四字小學-116

<읽기> **견선종지** 하고			착한 것을 보면 그것을 따르고,				
<구절풀이 순서> 　2　1　4　3 • 見 善 從 之	見 볼 **견**	見					
	善	善					
	從	從					
	之	之					

<읽기> **지과필개** 하라			잘못을 알았거든 반드시 고쳐라.				
<구절풀이 순서> 　2　1　3　4 • 知 過 必 改	知	知					
	過	過					
	必	必					
	改 고칠 **개**	改					

_____ 년 월 일 ㊞

♣ 아래의 빈칸을 채우고, 〈읽기〉 부분을 소리내어 읽어보시오.

四字小學-117

〈읽기〉 **열 인 찬 자**는			남의 칭찬 받기를 좋아하는 자는,					
〈구절풀이 순서〉 　3　1　2　4 • 悅 人 讚 者	悅	悅						
	人	人						
	讚	讚						
	者	者						
〈읽기〉 **백 사 개 위**니라			온갖 일이 모두 거짓이니라.					
〈구절풀이 순서〉 　1　2　3　4 • 百 事 皆 僞	百	百						
	온갖 **백**							
	事	事						
	皆	皆						
	다 **개**							
	僞	僞						
	거짓 **위**							

129

♣ 아래의 빈칸을 채우고, <읽기> 부분을 소리내어 읽어보시오.

四字小學-118

<읽기> **염인책자**는   남의 꾸짖음을 싫어하는 자는,

<구절풀이 순서>
• 厭 人 責 者
  3　1　2　4

厭
人
責
者

<읽기> **기행무진** 이니라   그의 행동에 진전(발전)이 없느니라.

<구절풀이 순서>
• 其 行 無 進
  1　2　4　3

其
行
無
進

_____ 년 _____ 월 _____ 일 ㊞

♣ 아래의 빈칸을 채우고,〈읽기〉부분을 소리내어 읽어보시오.

四字小學-119

〈읽기〉 **원 형 이 정**은		원·형·이·정은,				
〈구절풀이 순서〉 　　1 2 3 4 • 元 亨 利 貞 •원형이정 - 자연의 법칙이자 원칙이며 자연의 정신을 말함. 사물의 근본이 되는 원리.	元 으뜸 **원**	元				
	亨 형통할 **형**	亨				
	利 이로울 **리**	利				
	貞 곧을 **정**	貞				
〈읽기〉 **천 도 지 상**이요		천도의 떳떳함이요,				
〈구절풀이 순서〉 　　1 2 3 • 天 道 之 常 •천도 - 하늘이 낸 도리나 법.	天	天				
	道	道				
	之 ~의 **지**	之			어조사 **지**	
	常	常				

___년 ___월 ___일 ㊞

♣ **아래의 빈칸을 채우고, <읽기> 부분을 소리내어 읽어보시오.**

四字小學-120

<읽기> **인의예지**는		인·의·예·지는,					
<구절풀이 순서> 1 2 3 4 • 仁 義 禮 智 •인의예지 – 자연의 정신으로 태어난 인간이, 인간으로서 지켜야 되는 원칙을 말함.	仁	仁					
	義	義					
	禮	禮					
	예절 **례**						
	智	智					
	지혜 **지**						
<읽기> **인성지강**이니라		인성의 벼리가 되느니라.					
<구절풀이 순서> 1 2 3 • 人 性 之 綱 •인성 – 사람의 성품. •벼리 – 그물의 위쪽 코를 꿰어 놓은 줄로 잡아당겨 그물을 오므렸다 폈다함. 일이나 글의 뼈대가 되는 줄거리.	人	人					
	性	性					
	성품 **성**						
	之	之					
	綱	綱					
	벼리 **강**						

♣ 아래의 빈칸을 채우고, 〈읽기〉 부분을 소리내어 읽어보시오.

四字小學-121

〈읽기〉 **부자유친** 하며		부모와 자식 사이에는 친함이 있어야 하고,					
〈구절풀이 순서〉 　1　2　4　3 • 父 子 有 親	父	父					
	子	子					
	有	有					
	親	親					

〈읽기〉 **군신유의** 하며		임금과 신하 사이에는 의리가 있어야 하며,					
〈구절풀이 순서〉 　1　2　4　3 • 君 臣 有 義 •의리 - 사람과의 관계에서 　지켜야 할 바른 도리.	君 임금 **군**	君					
	臣 신하 **신**	臣					
	有	有					
	義	義					

_____ 년 월 일 ㊞

♣ **아래의 빈칸을 채우고, 〈읽기〉 부분을 소리내어 읽어보시오.**

四字小學-122

〈읽기〉 **부부유별** 하며			남편과 아내 사이에는 분별이 있어야 하며,					
〈구절풀이 순서〉 　1　2　4　3 • 夫 婦 有 別	夫	夫						
	婦	婦						
	有	有						
	別	別						
〈읽기〉 **장유유서** 하며			어른과 아이 사이에는 차례가 있어야 하며,					
〈구절풀이 순서〉 　1　2　4　3 • 長 幼 有 序	長	長						
	幼	幼						
	有	有						
	序 차례 **서**	序						

134

년   월   일 ㊞

♣ 아래의 빈칸을 채우고, 〈읽기〉 부분을 소리내어 읽어보시오.

四字小學-123

〈읽기〉 **붕우유신** 이니   벗과 벗 사이에는 신의가 있어야 하니,

〈구절풀이 순서〉
  1 2 4 3
• 朋 友 有 信

朋	朋				
友	友				
有	有				
信	信				

〈읽기〉 **시위오륜** 이니라   이것을 오륜이라 이른다.

〈구절풀이 순서〉
  1 3 2
• 是 謂 五 倫

是	是				
이 **시**					
謂	謂				
五	五				
다섯 **오**					
倫	倫				

135

___년 ___월 ___일 ㊞

♣ 아래의 빈칸을 채우고, 〈읽기〉 부분을 소리내어 읽어보시오.

四字小學-124

| 〈읽기〉 **군위신강** 이요 | | 임금은 신하의 벼리가 되고, |

〈구절풀이 순서〉

• 君 爲 臣 綱
　1　4　2　3

• 벼리 – 그물의 위쪽 코를 꿰어 놓은 줄로 잡아 당겨 그물을 오므렸다 폈다함. 일이나 글의 뼈대가 되는 줄거리.

君
爲
臣
綱

〈읽기〉 **부위자강** 이요　　아버지는 자식의 벼리가 되며,

〈구절풀이 순서〉

• 父 爲 子 綱
　1　4　2　3

父
爲
子
綱

136

년 월 일 ㊞

♣ 아래의 빈칸을 채우고,〈읽기〉부분을 소리내어 읽어보시오.

四字小學-125

〈읽기〉**부위부강**이니			남편은 아내의 벼리가 되니,				
〈구절풀이 순서〉 　1　4　2　3 • 夫 爲 婦 綱	夫	夫					
	爲	爲					
	婦	婦					
	綱	綱					

〈읽기〉**시위삼강**이니라			이것을 삼강이라 이른다.				
〈구절풀이 순서〉 　1　3　2 • 是 謂 三 綱	是	是					
	謂	謂					
	三 석 **삼**	三					
	綱	綱					

137

♣ 아래의 빈칸을 채우고,〈읽기〉부분을 소리내어 읽어보시오.

四字小學-126

〈읽기〉**인 소 이 귀**는		사람이 귀한 이유는,					
〈구절풀이 순서〉 　　1　3　2 • 人 所 以 貴	人	人					
	所	所					
	以	以					
	貴	貴					
	귀할 **귀**						
〈읽기〉**이 기 윤 강**이니라		오륜과 삼강 때문이니라.					
〈구절풀이 순서〉 　4　1　2　3 • 以 其 倫 綱	以	以					
	其	其					
	倫	倫					
	綱	綱					

년   월   일 ㊞

♣ 아래의 빈칸을 채우고, 〈읽기〉 부분을 소리내어 읽어보시오.

四字小學-127

〈읽기〉 **족용필중** 하며		발의 용모는 반드시 무거운 듯이 하며,					
〈구절풀이 순서〉 　1　2　3　4 • 足 容 必 重	足 발 족	足					
	容 용모 용	容					
	必	必					
	重 무거울 중	重					

〈읽기〉 **수용필공** 하며		손의 용모는 반드시 공손하게 가져야 하며,					
〈구절풀이 순서〉 　1　2　3　4 • 手 容 必 恭	手	手					
	容	容					
	必	必					
	恭	恭					

139

년　월　일 印

♣ 아래의 빈칸을 채우고, 〈읽기〉 부분을 소리내어 읽어보시오.

四字小學－128

〈읽기〉 **목용필단** 하며　　　　눈의 용모는 반드시 바르게 하며,

〈구절풀이 순서〉

　　1　2　3　4
• 目 容 必 端

目　눈 목
容
必
端　바를 단

〈읽기〉 **구용필지** 하며　　　　입의 용모는 반드시 듬직히 멈춰 있어야 하며,

〈구절풀이 순서〉

　　1　2　3　4
• 口 容 必 止

口
容
必
止　멈출 지

140

♣ 아래의 빈칸을 채우고,〈읽기〉 부분을 소리내어 읽어보시오.

四字小學-129

〈읽기〉 **성용필정** 하며			소리의 용모는 반드시 조용하게 하며,				
〈구절풀이 순서〉 　1　2　3　4 • 聲 容 必 靜	聲	聲					
	容	容					
	必	必					
	靜	靜					
	고요할 **정**						

〈읽기〉 **두용필직** 하며			머리의 용모는 반드시 곧게 하며,				
〈구절풀이 순서〉 　1　2　3　4 • 頭 容 必 直	頭	頭					
	머리 **두**						
	容	容					
	必	必					
	直	直					

141

_____ 년 _____ 월 _____ 일 ㊞

♣ **아래의 빈칸을 채우고, 〈읽기〉 부분을 소리내어 읽어보시오.**

四字小學－130

| 〈읽기〉 **기 용 필 숙** 하며 | 숨쉴 때의 용모는 반드시 엄숙히 하며, |

〈구절풀이 순서〉 　　1　2　3　4 ● 氣 容 必 肅	氣	氣						
	容	容						
	必	必						
	肅 엄숙할 **숙**	肅						

| 〈읽기〉 **입 용 필 덕** 하며 | 서 있는 모습은 반드시 덕스럽게 하며, |

〈구절풀이 순서〉 　　1　2　3　4 ● 立 容 必 德	立	立						
	容	容						
	必	必						
	德	德						

♣ 아래의 빈칸을 채우고, 〈읽기〉 부분을 소리내어 읽어보시오.

四字小學-131

〈읽기〉 **색 용 필 장** 이니		낯빛의 용모는 반드시 씩씩하게 할 것이니,
〈구절풀이 순서〉 　　1 2 3 4 • 色 容 必 莊	色 낯빛 색	
	容	
	必	
	莊 씩씩할 장	

〈읽기〉 **시 왈 구 용** 이니라		이것을 구용이라 말한다.
〈구절풀이 순서〉 　　1 3 2 • 是 曰 九 容	是	
	曰 말할 왈	
	九 아홉 구	
	容	

143

_____ 년 _____ 월 _____ 일 ㊞

♣ **아래의 빈칸을 채우고, 〈읽기〉 부분을 소리내어 읽어보시오.**

四字小學-132

〈읽기〉 **시필사명** 하며		볼 때에는 반드시 밝게 볼 것을 생각하며,					
〈구절풀이 순서〉 　1　2　4　3 • 視 必 思 明	視 볼 **시**	視					
	必	必					
	思	思					
	明 밝을 **명**	明					
〈읽기〉 **청필사총** 하며		들을 때에는 반드시 밝게 들을 것을 생각하며,					
〈구절풀이 순서〉 　1　2　4　3 • 聽 必 思 聰	聽	聽					
	必	必					
	思	思					
	聰 귀밝을 **총**	聰					

___년 ___월 ___일 ㊞

♣ 아래의 빈칸을 채우고, 〈읽기〉 부분을 소리내어 읽어보시오.

四字小學-133

〈읽기〉 **색필사온** 하며		낯빛은 반드시 온화하게 할 것을 생각하며,					
〈구절풀이 순서〉 　1　2　4　3 • 色 必 思 溫	色	色					
	必	必					
	思	思					
	溫	溫					

〈읽기〉 **모필사공** 하며		용모는 반드시 공손하게 할 것을 생각하며,					
〈구절풀이 순서〉 　1　2　4　3 • 貌 必 思 恭	貌 모양 모	貌					
	必	必					
	思	思					
	恭	恭					

♣ 아래의 빈칸을 채우고,〈읽기〉부분을 소리내어 읽어보시오.

四字小學-134

〈읽기〉 **언필사충** 하며		말은 반드시 성실하게 할 것을 생각하고,					
〈구절풀이 순서〉 　1　2　4　3 ● 言 必 思 忠	言	言					
	必	必					
	思	思					
	忠	忠					

〈읽기〉 **사필사경** 하며		일은 반드시 공손하게 할 것을 생각하며,					
〈구절풀이 순서〉 　1　2　4　3 ● 事 必 思 敬	事	事					
	必	必					
	思	思					
	敬	敬					

_____ 년 월 일 ㊞

♣ 아래의 빈칸을 채우고, 〈읽기〉 부분을 소리내어 읽어보시오.

四字小學-135

〈읽기〉 **의필사문** 하며		의심나는 것은 반드시 물을 것을 생각하며,
〈구절풀이 순서〉 1 2 4 3 • 疑 必 思 問	疑 의심할 의	
	必	
	思	
	問 물을 문	

〈읽기〉 **분필사난** 하며		분노가 날 때는 반드시 뒤에 올 환난을 생각하며,
〈구절풀이 순서〉 1 2 4 3 • 忿 必 思 難	忿 분할 분	
	必	
	思	
	難	

♣ 아래의 빈칸을 채우고, 〈읽기〉 부분을 소리내어 읽어보시오.

四字小學-136

〈읽기〉 **견득사의** 니			이득을 볼 때는 옳은 지를 생각해야 하니,				
〈구절풀이 순서〉 　2　1　4　3 • 見 得 思 義	見	見					
	得	得					
	思	思					
	義	義					

〈읽기〉 **시왈구사** 니라			이것을 구사라고 말한다.				
〈구절풀이 순서〉 　1　3　2 • 是 曰 九 思	是	是					
	曰	曰					
	九	九					
	思	思					

♣ 아래의 빈칸을 채우고, 〈읽기〉 부분을 소리내어 읽어보시오.

四字小學-137

〈읽기〉 **비 례 물 시** 하며		예가 아니면 보지 말며,					
〈구절풀이 순서〉 　2　1　4　3 • 非 禮 勿 視	非	非					
	禮	禮					
	勿	勿					
	視	視					

〈읽기〉 **비 례 물 청** 하며		예가 아니면 듣지 말며,					
〈구절풀이 순서〉 　2　1　4　3 • 非 禮 勿 聽	非	非					
	禮	禮					
	勿	勿					
	聽	聽					

149

♣ 아래의 빈칸을 채우고, 〈읽기〉 부분을 소리내어 읽어보시오.

四字小學-138

〈읽기〉 **비례물언** 하며			예가 아니면 말하지 말며,					
〈구절풀이 순서〉 　　2　1　4　3 • 非 禮 勿 言	非	非						
	禮	禮						
	勿	勿						
	言	言						

〈읽기〉 **비례물동** 이니라			예가 아니면 움직이지 말아야 하느니라.					
〈구절풀이 순서〉 　　2　1　4　3 • 非 禮 勿 動	非	非						
	禮	禮						
	勿	勿						
	動	動						
움직일 동								

_____ 년 _____ 월 _____ 일 ㊞

♣ 아래의 빈칸을 채우고, 〈읽기〉 부분을 소리내어 읽어보시오.

四字小學-139

〈읽기〉 **행필정직** 하고		행동은 반드시 바르고 곧게 하고,				
〈구절풀이 순서〉 　　1　2　3　4 ● 行 必 正 直	行 行					
	必 必					
	正 正					
	直 直					

〈읽기〉 **언즉신실** 하라		말은 곧 미덥고 성실하게 하라.				
〈구절풀이 순서〉 　　1　2　3　4 ● 言 則 信 實	言 言					
	則 則					
	信 信					
	實 實 알찰 **실**					

151

♣ 아래의 빈칸을 채우고, <읽기> 부분을 소리내어 읽어보시오.

四字小學-140

<읽기> **용모단정** 하고		용모는 단정하게 하고,				
<구절풀이 순서> 　　1　　2 • 容貌 端正 •단정 - 바르고 얌전함.	容 容					
	貌 貌					
	端 端					
	正 正					

<읽기> **의관정제** 하라		의복과 모자는 바르고 가지런하게 하라.				
<구절풀이 순서> 　1　2　3　4 • 衣 冠 整 齊	衣 衣					
	冠 冠 갓 관					
	整 整					
	齊 齊 가지런할 제					

_____ 년 _____ 월 _____ 일 ㊞

♣ 아래의 빈칸을 채우고, 〈읽기〉 부분을 소리내어 읽어보시오.

四字小學－141

〈읽기〉 **거 처 필 공** 하고		거처할 때에는 반드시 공손히 하고,					
〈구절풀이 순서〉 • 居 處 必 恭 1 2 3	居	居					
	處 처할 처	處					
	必	必					
	恭	恭					

〈읽기〉 **보 리 안 상** 하라		걸음걸이는 편안하고 침착히 하라.					
〈구절풀이 순서〉 • 步 履 安 詳 1 2 3	步	步					
	履 밟을 리	履					
	安	安					
	詳 두루갖출 상	詳					

♣ 아래의 빈칸을 채우고, 〈읽기〉 부분을 소리내어 읽어보시오.

四字小學-142

〈읽기〉 **작사모시** 하고			일을 할 때에는 시작을 잘 계획하고,				
〈구절풀이 순서〉 2 1 4 3 • 作 事 謀 始	作 ~할 작	作					
	事	事					
	謀	謀					
	始	始					

〈읽기〉 **출언고행** 하라			말을 할 때에는 행실을 돌아보라.				
〈구절풀이 순서〉 2 1 4 3 • 出 言 顧 行	出	出					
	言	言					
	顧 돌아볼 고	顧					
	行	行					

♣ 아래의 빈칸을 채우고, <읽기> 부분을 소리내어 읽어보시오.

四字小學-143

<읽기> **상덕고지** 하고   떳떳한 덕을 굳게 지키고,

<구절풀이 순서>
  1 2 3 4
• 常德固持

常
德
固 — 굳을 **고**
持 — 잡을 **지**

<읽기> **연낙중응** 하라   그렇게 하겠다고 승낙을 할 때에는 신중히 대답하라.

<구절풀이 순서>
  1 2 3 4
• 然諾重應

然 — 그럴 **연**
諾 — 승낙할 **낙**
重
應 — 응할 **응**

년 월 일 ㊞

♣ 아래의 빈칸을 채우고,〈읽기〉부분을 소리내어 읽어보시오.

四字小學-144

〈읽기〉 **음식신절** 하고   마시고 먹을 때에는 삼가하여 절제하고,

〈구절풀이 순서〉
1 2 3 4
• 飲食愼節

飲
食
愼
節

〈읽기〉 **언어공손** 하라   언어를 공손히 하라.

〈구절풀이 순서〉
1   2
• 言語 恭遜

•언어 – 생각, 느낌 따위를 나타내거나 전달하는 데에 쓰는 음성, 문자 따위의 수단.

言
語   말씀 **어**
恭
遜   겸손할 **손**

_____ 년 _____ 월 _____ 일 ㊞

♣ 아래의 빈칸을 채우고, 〈읽기〉 부분을 소리내어 읽어보시오.

四字小學-145

〈읽기〉 **덕업상권** 하고	덕업은 서로 권하고,						
〈구절풀이 순서〉 • 德業相勸 1 2 3 • 덕업 – 어질고 착한 업적이나 사업.	德	德					
	業 업 **업**	業					
	相	相					
	勸 권할 **권**	勸					
〈읽기〉 **과실상규** 하며	과실은 서로 타이르며,						
〈구절풀이 순서〉 • 過失相規 1 2 3 • 과실 – 부주의로 인하여 생긴 잘못이나 허물.	過	過					
	失	失					
	相	相					
	規 타이를 **규**	規					

157

♣ 아래의 빈칸을 채우고, 〈읽기〉 부분을 소리내어 읽어보시오.

四字小學-146

〈읽기〉 **예 속 상 교** 하고		예스러운 풍속으로 서로 사귀고,					
〈구절풀이 순서〉 　1　2　3　4 • 禮 俗 相 交	禮	禮					
	俗 풍속 속	俗					
	相	相					
	交	交					

〈읽기〉 **환 난 상 휼** 하라		병환과 재난은 서로 구휼하라.					
〈구절풀이 순서〉 　1　2　3　4 • 患 難 相 恤 •구휼 - 사회적 또는 국가적 차원에서 재난을 당한 사람이나 빈민에게 금품을 주어 구제함.	患	患					
	難	難					
	相	相					
	恤 구휼할 **휼**	恤					

___ 년 ___ 월 ___ 일 ㊞

♣ 아래의 빈칸을 채우고, 〈읽기〉 부분을 소리내어 읽어보시오.

四字小學-147

〈읽기〉 **빈궁곤액**에			빈궁과 곤액이 있을 때에는,					
〈구절풀이 순서〉 • 貧窮 困厄 　1　2 • 빈궁 - 가난하여 살기가 어려움. • 곤액 - 매우 어려운 상황과 재앙이 겹친 불운을 이르는 말.	貧 가난할 **빈**							
	窮 곤궁할 **궁**							
	困 괴로울 **곤**							
	厄 재앙 **액**							
〈읽기〉 **친척상구**하며			친척들이 서로 구원해 주며,					
〈구절풀이 순서〉 • 親戚 相救 　1　2　3 • 친척 - 친족과 외척을 아울러 이르는 말.	親 							
	戚 겨레 **척**							
	相 							
	救 							

159

년 월 일 ㊞

♣ 아래의 빈칸을 채우고,〈읽기〉부분을 소리내어 읽어보시오.

四字小學-148

〈읽기〉 **혼인 사상**에		혼인과 초상에는,						
〈구절풀이 순서〉 • 婚姻 死喪 　1　　2 • 초상 – 사람이 죽어서 장사 지낼 때까지의 일.	婚 혼인할 **혼**	婚						
	姻 혼인할 **인**	姻						
	死 죽을 **사**	死						
	喪 죽을 **상**	喪						
〈읽기〉 **인보상조**하라		이웃끼리 보호해주고 서로 도와라.						
〈구절풀이 순서〉 　1　2　3　4 • 鄰保相助	鄰 이웃 **인**	鄰						
	保 보호할 **보**	保						
	相 서로 **상**	相						
	助 도울 **조**	助						

160

_____ 년 _____ 월 _____ 일 印

♣ **아래의 빈칸을 채우고, <읽기> 부분을 소리내어 읽어보시오.**

四字小學-149

<읽기> **수신제가**는		자기 몸을 닦고 집안을 가지런히 하는 것은,
<구절풀이 순서> 　2　1　4　3 • 修 身 齊 家	修 닦을 **수**	
	身	
	齊	
	家	

<읽기> **치국지본**이요		나라를 다스리는 근본이요.
<구절풀이 순서> 　2　1　3　4 • 治 國 之 本	治 다스릴 **치**	
	國	
	之	
	本	

161

_____ 년 _____ 월 _____ 일 ㊞

♣ 아래의 빈칸을 채우고, 〈읽기〉 부분을 소리내어 읽어보시오.

四字小學－150

〈읽기〉 **독서근검** 은		책을 읽으며 부지런하고 검소함은,					
〈구절풀이 순서〉 　　2　1　3　4 • 讀 書 勤 儉	讀	讀					
	書	書					
	勤	勤					
	儉	儉					
	검소할 **검**						
〈읽기〉 **기가지본** 이니라		집안을 일으키는 근본이니라.					
〈구절풀이 순서〉 　　2　1　3　4 • 起 家 之 本	起	起					
	家	家					
	之	之					
	本	本					

♣ 아래의 빈칸을 채우고, 〈읽기〉 부분을 소리내어 읽어보시오.

四字小學-151

〈읽기〉 **충신자상**하고 　　　　충실하고 신용이 있고 자상하며,

〈구절풀이 순서〉

• 忠 信 慈 祥
　1　2　3

• 자상 - 사람이나 그 마음이 세심하고 정이 깊음.

忠
信
慈
祥

〈읽기〉 **온량공검**하라 　　　　온순하고 어질고 공손하고 검소하게 생활하라.

〈구절풀이 순서〉

• 溫 良 恭 儉
　1　2　3　4

溫
良
恭
儉

____년 ____월 ____일 ㊞

♣ 아래의 빈칸을 채우고, 〈읽기〉 부분을 소리내어 읽어보시오.

四字小學-152

〈읽기〉 **인 지 덕 행** 은		사람의 덕행은,				
〈구절풀이 순서〉 　 1 2 3 • 人 之 德 行 •덕행 - 착하고 어진 행실.	人	人				
	之	之				
	德	德				
	行	行				
〈읽기〉 **겸 양 위 상** 이니라		겸손과 사양이 으뜸이니라.				
〈구절풀이 순서〉 　 1 2 3 4 • 謙 讓 爲 上	謙 겸손할 **겸**	謙				
	讓 사양할 **양**	讓				
	爲	爲				
	上 윗 **상**	上				

♣ 아래의 빈칸을 채우고, 〈읽기〉 부분을 소리내어 읽어보시오.

四字小學 – 153

〈읽기〉 **막담타단** 하고		다른 사람의 단점을 말하지 말고,
〈구절풀이 순서〉 　　4　3　1　2 • 莫 談 他 短	莫 談 他 短 단점 **단**	

〈읽기〉 **미시기장** 하라		자기의 장점을 믿지 말라.
〈구절풀이 순서〉 　　4　3　1　2 • 靡 恃 己 長	靡 ~지말 **미** 恃 믿을 **시** 己 자기 **기** 長	

165

_____ 년 _____ 월 _____ 일 ㊞

♣ 아래의 빈칸을 채우고, 〈읽기〉 부분을 소리내어 읽어보시오.

四字小學 – 154

〈읽기〉 **기소불욕**을		자기가 하고 싶지 않는 것을,				
〈구절풀이 순서〉 　1　4　3　2 ● 己 所 不 欲	己	己				
	所	所				
	不	不				
	欲	欲				

〈읽기〉 **물시어인** 하라		남에게 시키지 마라.				
〈구절풀이 순서〉 　4　3　2　1 ● 勿 施 於 人	勿	勿				
	施	施				
	於	於				
	人	人				

♣ 아래의 빈칸을 채우고,〈읽기〉부분을 소리내어 읽어보시오.

四字小學-155

〈읽기〉**적선지가**는		선행을 쌓은 집안은,					
〈구절풀이 순서〉 　2　1　3　4 • 積 善 之 家	積 _{쌓을} **적**	積					
	善	善					
	之	之					
	家	家					
〈읽기〉**필유여경**이니라		반드시 뒤에 경사가 따르고,					
〈구절풀이 순서〉 　1　4　2　3 • 必 有 餘 慶	必	必					
	有	有					
	餘 _{남을} **여**	餘					
	慶 _{경사} **경**	慶					

167

♣ **아래의 빈칸을 채우고, 〈읽기〉 부분을 소리내어 읽어보시오.**

四字小學-156

〈읽기〉 **불선지가**는		선행을 행하지 않는 집안은,
〈구절풀이 순서〉 　　2　1　3　4 • 不 善 之 家	不 / 善 / 之 / 家	

〈읽기〉 **필유여앙**이니라		반드시 뒤에 재앙이 미치느니라.
〈구절풀이 순서〉 　　1　4　2　3 • 必 有 餘 殃	必 / 有 / 餘 / 殃	재앙 **앙**

♣ 아래의 빈칸을 채우고, <읽기> 부분을 소리내어 읽어보시오.

四字小學-157

<읽기> **손인이기** 면   남을 손해 보게 하고 자신을 이롭게 하면,

<구절풀이 순서>
• 損 人 利 己
  2   1   4   3

損 (손해볼 **손**)
人
利
己

<읽기> **종시자해** 니라   마침내 자신을 해치는 것이니라.

<구절풀이 순서>
• 終 是 自 害
  1   4   2   3

終 (마칠 **종**)
是
自
害

169

_____ 년 월 일 ㊞

♣ 아래의 빈칸을 채우고, 〈읽기〉 부분을 소리내어 읽어보시오.

四字小學-158

〈읽기〉 **화복무문** 하야		재앙과 복은 문이 없어,					
〈구절풀이 순서〉 　1　2　4　3 ● 禍福無門	禍 재앙 **화**	禍					
	福	福					
	無	無					
	門	門					

〈읽기〉 **유인소소** 니라		오직 사람이 불러들인 것이니라.					
〈구절풀이 순서〉 　1　2　4　3 ● 惟人所召	惟 오직 **유**	惟					
	人	人					
	所	所					
	召 부를 **소**	召					

♣ 아래의 빈칸을 채우고, 〈읽기〉 부분을 소리내어 읽어보시오.

四字小學-159

〈읽기〉 **차 차 소 자** 아		아~! 제자들아.					
〈구절풀이 순서〉 • 嗟¹ 嗟² 小 子 • 소자 – 스승이 '제자'를 친근하게 부르는 말.	嗟 탄식할 **차**	嗟					
	嗟	嗟					
	小 작을 **소**	小					
	子	子					

〈읽기〉 **경 수 차 서** 하라		공경히 이 책을 받아 익혀라.					
〈구절풀이 순서〉 • 敬¹ 受⁴ 此² 書³	敬	敬					
	受	受					
	此	此					
	書	書					

♣ 아래의 빈칸을 채우고, 〈읽기〉 부분을 소리내어 읽어보시오.

四字小學-160

〈읽기〉 **비아언모**라		내 말은 늙은이의 망녕이 아니라,				
〈구절풀이 순서〉 　4　1　2　3 • 非 我 言 耄	非	非				
	我	我				
	言	言				
	耄	耄				
	늙은이 **모**					
〈읽기〉 **유성지모**시니라		오직 성인의 가르침에서 나온 것이니라.				
〈구절풀이 순서〉 　1　2　3　4 • 惟 聖 之 謨	惟	惟				
	聖	聖				
	성인 **성**					
	之	之				
	謨	謨				
	가르침 **모**					

부록(附錄)

- 이름쓰기(학교·본인·부모·조부모·외조부모)
- 호칭, 촌수

___ 년 ___ 월 ___ 일 ㊞

♣ **초등학교(初等學校)를 한자(漢字)로 써 보시오.**

初 처음 초	初 처음 초					
等 등급 등	等 등급 등					
學 배울 학	學 배울 학					
校 학교 교	校 학교 교					

_____ 년 _____ 월 _____ 일 ㊞

♣ 학교(學校)의 이름을 한자(漢字)로 써 보시오.

校
학교 교

校
학교 교

♣ 자기의 학년(學年)을 한자(漢字)로 써 보시오.

第 차례 제	第 차례 제				
學 배울 학	學 배울 학				
年 해 년	年 해 년				

_____ 년 월 일 ㊞

♣ 자기의 성명(姓名)을 한자(漢字)로 써 보시오.

書
쓰다 서

書
쓰다 서

_____ 년 _____ 월 _____ 일 ㊞

♣ 아버지와 어머니의 성함(姓銜)을 한자(漢字)로 써 보시오.

- **부**(父)
  : 아버지.

- **모**(母)
  : 어머니.

_____ 년 　 월 　 일 ㊞

♣ 할아버지와 할머니의 성함(姓銜)을 한자(漢字)로 써 보시오.

- 조부(祖父)
  : 할아버지.

- 조모(祖母)
  : 할머니.

_____ 년 _____ 월 _____ 일 ㊞

♣ 외할아버지와 외할머니의 성함(姓銜)을 한자(漢字)로 써 보시오.

- **외조부**(外祖父)
  : 외할아버지.

- **외조모**(外祖母)
  : 외할머니.

♣ 가족(家族) 관계의 호칭(呼稱)과 촌수(寸數)를 알아보시오.

※ **친가**(親家)

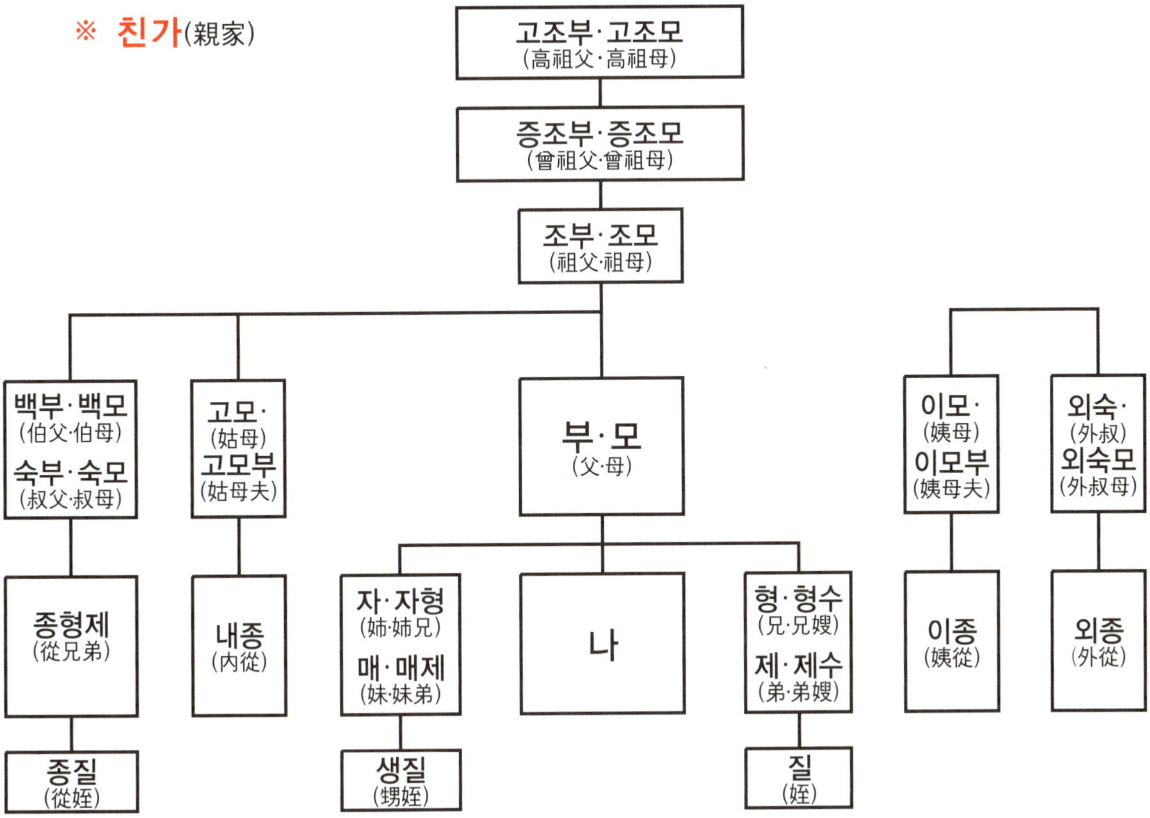

```
                        고조부·고조모
                       (高祖父·高祖母)
                             │
                        증조부·증조모
                       (曾祖父·曾祖母)
                             │
                         조부·조모
                        (祖父·祖母)
    ┌──────┬──────────┼──────────┬──────┐
 백부·백모  고모·              부·모         이모·    외숙·
 (伯父·伯母) (姑母)             (父·母)       (姨母)   (外叔)
 숙부·숙모  고모부                           이모부   외숙모
 (叔父·叔母) (姑母夫)                         (姨母夫) (外叔母)
    │       │       ┌────────┼────────┐       │       │
 종형제    내종    자·자형     나    형·형수   이종    외종
 (從兄弟) (內從)   (姉·姉兄)         (兄·兄嫂) (姨從)  (外從)
    │              매·매제            제·제수
                  (妹·妹弟)           (弟·弟嫂)
    │              │                  │
  종질           생질                 질
 (從姪)         (甥姪)               (姪)
```

※ **처가**(妻家)

```
                   처조부·처조모
                  (妻祖父·妻祖母)
                        │
                    장인(빙부)·장모(빙모)
                   [丈人(聘父)·丈母(聘母)]
         ┌──────────────┼──────────────┐
    처형, 처제·          나·처          처남·
    (妻兄, 妻弟)         [=夫婦]       (妻男)
     동서                              처남댁
    (同婿)                             (妻男宅)
      │                                 │
     이질                              처질
    (姨姪)                            (妻姪)
```

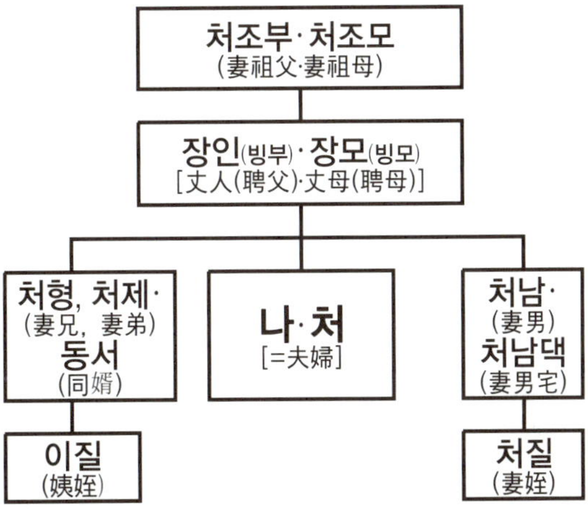

- 참고1) 이 세상에서 나와 가장 친한 사람은 누구일까요? ➡ 父母님
- 참고2) 남편과 아내는 서로 몇 촌(寸)일까요? ➡ 무촌(無寸)
- 참고3) 나와 내 동생은 서로 몇 촌(寸)일까요? ➡ 2촌(二寸)

편저자 조규남

성균관대학교 한문학과 졸업
성균관대학교 대학원 석사(한문교육전공)
전주대학교 대학원 박사과정수료(대체의학과 심신요법전공)
민족문화추진회 국역연수부 졸업
대한민국 미술대전 서예부문 입선(한국미술협회)
추사김정희선생추모 전국휘호대회·소사벌서예대전 초대작가
전) 원광대학교 초빙교수
현) 성균관대학교 초빙교수(금석서예지도)

훌륭한 나로 만들 인성교육의 첫걸음 **사자소학**

초판인쇄 2016년 2월 22일
초판발행 2016년 2월 26일
저　　자 조규남
발 행 인 권호순
발 행 처 시간의물레
등　　록 2004년 6월 5일
등록번호 제1-3148호
주　　소 서울시 마포구 마포대로 4다길 3, 1층
전　　화 02-3273-3867
팩　　스 02-3273-3868
전자우편 timeofr@naver.com
I S B N 978-89-6511-152-8 (93700)
정　　가 10,000원

* 잘못된 책은 바꿔드립니다.
* 이 책의 일부, 전체의 무단 복제는 저작권법에 저촉됩니다.